AF283180

Cupón para la Biblioteca Virtual

Accede a la versión eBook de este título por solo 1,99 €. Con la compra de este libro puedes utilizar el siguiente cupón para la lectura en *streaming** desde la Biblioteca Virtual. **Sigue estas instrucciones** para visualizar tu libro:

1. Dirígete a la web de la Biblioteca Virtual **https://ebooks.eunsa. es/library.**

2. En la web ve a **Iniciar sesión** e introduce tu email y contraseña. Si no estás registrado, deberás completar el proceso en **Registrarse.**

3. Tras registrarte, accede a la página del libro o lee el QR de esta página. Bajo el precio podrás **insertar el código oculto en el siguiente cupón** para activar la promoción.

Despegue para visualizar

Acceso directo al eBook

No se admitirá la devolución del libro si el código promocional ha sido manipulado.

Canjéalo en ebooks.eunsa.es

*Con acceso a internet desde cualquier navegador.

Primera edición: marzo de 2025
Segunda edición: enero de 2026

© 2026. Lucía Martínez Alcalde
Ediciones Universidad de Navarra, S.A. (EUNSA)
Campus Universitario • Universidad de Navarra • 31009 Pamplona • España
+34 948 25 68 50 • www.eunsa.es • eunsa@eunsa.es

ISBN: 978-84-313-4079-7
D. L. NA 6-2026

Diseño de portada y editorial: Jokin Pagola
Printed in Spain – Impreso en España
Imprime: Podiprint

Lucía Martínez Alcalde

El arte de no llegar a todo

Una conversación sobre la fragilidad, los sueños grandes y el caos

Segunda edición

A Pablo, por ayudarme a hacer de mi calamidad un caos bellamente ordenado.

A Jaime, Ignacio y Fátima, mis mejores y más pacientes maestros en el arte de no llegar a todo.

A Georgie, que tanto me enseñaste en tan poco tiempo.

A mi madre, por su amor incondicional.

«Y tú, ¿cómo haces para llegar a todo?»

Esta pregunta me la han planteado de manera recurrente casi desde que puedo recordar. En mi época universitaria la respuesta solía ser: «Duermo poco». Pero, como dormir es importante —y la edad no perdona—, la respuesta desde hace unos años es: «No llego a todo». Lo cierto es que nunca lo he hecho, ni con tres horas de sueño ni con diez.

Y ese es el primer punto: «No vas a llegar a todo». Una persona trabajadora (dentro o fuera de casa, o ambas), con inquietudes, con amigos, con tendencia a "dejarse liar" en proyectos apasionantes… no llega a todo. Por definición. Si añades al pack una familia, la emoción aumenta. El primer paso es asumirlo. Y recordarlo, porque, cuando desaparece esa verdad de nuestra cabeza, nos pueden las tensiones y el estrés. Aceptar que el día tiene veinticuatro horas y que somos seres limitados, y no Superman ni Wonder Woman, no resulta tan fácil de hacer como de decir. Pero es sano y hay que tender hacia ello, y que el «No llego a todo» lo digamos cada vez con menos tristeza-ansie-dad-sentimiento-de-culpa-infundado-y-sin-sentido, y cada vez más con paz-alegría-aceptación-serenidad.

En mi primera revisión con el médico de cabecera, a los catorce años, la doctora se preocupó de que fuera una chica con tantas actividades (conservatorio, *ballet,* mi afición por escribir, mi manera de devorar libros). Creo que en algún momento pensó que era mi madre la que me hostigaba a un ritmo frenético. Nada más lejos de la realidad. Obviamente, mi madre siempre me ha animado con todo lo que he querido hacer. Como veía que me pasaba el día bailando, me propuso apuntarme a baile. Al quedarme prendada de cómo Elton John tocaba el piano en el funeral de Lady Di, me preguntó si me interesaba aprender un instrumento. Nadie me ha leído más cuentos que ella en mi infancia. Y, cuando no ganaba ningún concurso de relatos, continuaba animándome a presentarme a los certámenes, año tras año. No, mi madre no me estaba obligando a nada. Pero creo que la doctora no nos creyó y escribió en un papel el título del libro que nos recomendaba leer a ambas. No le hicimos caso, pero recuerdo que era algo como *El arte de no hacer nada.* No encajaba con nuestras vidas.

Ahora bien, la médico tenía razón en algo que dijo: que yo era igualmente valiosa tanto si estaba metida en mil extraescolares como si no estaba en ninguna. Mi madre no lo dudaba y yo tampoco, al menos no entonces. El estrés, el caer en el activismo, el cifrar mi valía en lo que conseguía… todo eso vino mucho después. Puede que *El arte de no hacer nada* me dijera bien poco para mi vida, pero *El arte de hacerlo todo,* la milonga que nos han intentado vender de que «Puedes tenerlo todo, solo hay que soñarlo» es veneno concentrado.

El arte de no llegar a todo creo que es el justo medio. Soñar grande, emprender proyectos, comprometerte… sin caer en el agotamiento, la frustración ni el desencanto. No tengo todas las respuestas, pero llevo muchos años reflexionando sobre el tema y ojalá estas páginas le sirvan a algún lector. Eso sí: no hay que esperar recetas. Pretendo plantear preguntas, incitar reflexiones, que cada cual pueda pensar en qué momento vital se encuentra, comenzar una conversación. Por eso es un arte y no una ciencia exacta. Porque vivir, en el fondo, es un arte también, para el que resulta imprescindible la prudencia, que ayuda a discernir en cada momento cómo armonizar las ansias de más con las limitaciones humanas. En estas páginas late la búsqueda de una forma de vivir esa tensión, especialmente cuando la balanza se inclina del lado del querer abarcar mucho y acabar apretando poco y perdiendo la paz y la alegría.

A veces será una cuestión de ajustar expectativas. Eso requiere una mirada sin miedo a la realidad (la propia y la que me rodea). Ajustar expectativas no es achicarse.

Apuesto por el superávit de sueños, porque, si tengo cien, sé que no voy a llegar a esos cien, pero el anhelo de más me impulsará a conseguir... no sé... ¿veinte? Pero si sueño con veinte, puede que me quede en ¿cuatro? El realismo no tendría que ir de la mano con el pesimismo, ni con una visión de la prudencia mal entendida como no correr riesgos. Soñamos y trabajamos y seguimos soñando.

Y, por el camino, aprendemos cómo hacer que esos sueños no acaben siendo pesadillas que nos pesen, que nos frustren, que se conviertan en un dedo acusador que diga «No has logrado *esto* = no vales». Esa mirada sin miedo nos ayuda a no sufrir en exceso cuando nos topamos con la realidad de nuestras circunstancias y nuestras limitaciones. «La finitud que se teme a sí misma es la culpable de estar ansiosa», escribe Romano Guardini, pero, según defiende, «existir en la ansiedad» no tiene por qué ser la única posibilidad del ser finito, del ser humano, «también puede existir en el valor y la confianza»[1]. Antes explica que reconocer las propias limitaciones y respetarlas no significa renunciar a la aspiración de ascender, y previene contra el resentimiento, «esa actitud que delata que no he aceptado realmente [...], la actitud que consiste en denigrar lo que he dejado de hacer»[2].

---

1   Romano Guardini, *Aceptarse a uno mismo*, Rialp, Madrid, 2023, p. 27.

2   Ídem, p. 22.

Cuando los sueños y los planes que borbotean en nuestras cabezas y corazones empiezan a apabullarnos porque colisionan con nuestras fragilidades, con las fronteras del tiempo y del espacio o de nuestra propia capacidad, con los otros deberes ya comprometidos, la solución no es «Dejo de soñar para evitar el desengaño», como quien dice «Dejo de amar para dejar de sufrir».

Por otra parte, la felicidad no está en hacer mil cosas, sino en hacer lo que realmente quieres, lo que es más importante; y hacerlo a conciencia; y disfrutarlo.

Sueños grandes, sueños pequeños

En ocasiones, la insatisfacción nos muerde en el nivel de los proyectos, de lo más concreto y material, pero, otras veces, el regusto agridulce cala más profundo. Los proyectos que emprendemos son los pasos que damos como respuesta a nuestros anhelos, que son los que nos impulsan en una dirección determinada. El problema no está en soñar grande. Esa especie de insatisfacción permanente puede ser un problema si conlleva ausencia de compromiso, falta de concentración, ir detrás de lo más nuevo siempre y dejarse llevar por el FOMO (*Fear of Missing Out*: miedo a perderse algo). Pero me pregunto si, en el fondo, esa insatisfacción y ese deseo de más no podrían ser un recordatorio de que somos finitos pero también inmortales, hechos para la eternidad. Y si hay una manera de vivir esa tensión de manera serena.

Hay que distinguir los anhelos genuinos de las necesidades creadas, impuestas desde fuera o no, como sueños pequeños. Lo que esa persona tiene… y yo no, lo que veo que todo el mundo en redes está haciendo… y yo no, lo que el otro ha conseguido… y yo no. Hay tantos *inputs* que recibimos en el día a día que resulta importante cribar nuestros anhelos, distinguir los verdaderos de los heredados y asumidos sin filtro.

Pensaba en todas estas cosas cuando leí una entrevista a Erik Varden en la que explicaba la diferencia entre anhelo y deseo:

«El deseo está arraigado en mí, yo soy su sujeto. Cuando digo: "Deseo una copa de vino", es porque quiero bebérmela, porque hay algo en mí que lo ansía. Por otro lado, cuando digo: "anhelo ir a casa", es porque todo lo que considero mi hogar me atrae, me llama. [...] El anhelo de una persona nos dice mucho sobre ella; de hecho, nuestro anhelo nos revela a nosotros mismos quiénes somos. Por eso una pregunta que planteo a menudo a las personas que tienen la sensación de estar atrapadas en sus vidas es la siguiente: "¿Qué anhelas?"»[3].

3   Erik Varden: «Siempre recuerdo este consejo: no te dejes fascinar por el mal», Daniel Capó, *The Objective*, 9/10/2021.

Si esto es así (y creo que es así), ¿cómo vamos a acallar nuestros anhelos? Cuando era adolescente, el escritor José Ramón Ayllón me preguntó un día: «¿Eres ambiciosa?». De entrada, me sorprendió. *Ambiciosa* era un adjetivo que me sonaba fatal, a egoísmo, avaricia y presunción. Debió de ver mi cara, porque repitió la pregunta con un añadido: «¿Eres ambiciosa? ¿Quieres cambiar el mundo?». Entonces, sí, se me iluminaron los ojos y asentí sin dudarlo.

Esa pregunta me ha acompañado, de un modo u otro, desde aquel momento. Pasan los años y ya no aspiras a cambiar el mundo, te conformas con cambiar tu país, luego tu ciudad, después piensas en tus amigos, tu familia… Al final acabas convencido de que si logras cambiarte a mejor a ti mismo, aunque sea un poco, ya será mucho. Pensemos en los círculos concéntricos creados por la pequeña piedra tirada en un lago.

Alguien podría pensar: bien, has llegado al punto realista de la madurez. Pero cada vez que oigo esas voces en mi cabeza, me rebelo. No pretendo vivir en una juventud eterna y solo volvería a mis veinte si pudiera mantener, en ese viaje en el tiempo, todo lo aprendido. Lo que no me gusta es «hacerme mayor» al estilo de los adultos retratados en *El principito*. Ser tan adulta, tan práctica, tan organizada que me olvide de que «lo esencial es invisible a los ojos» y de que lo más importante que puedo hacer en esta vida, donde puedo dejar más huella, es en la elección de la rosa del jardín entre mil rosas y en la creación de lazos.

¿Cómo se logra crecer sin cinismo, sin tibieza, sin conformismo, sin manías, sin pesadumbre, manteniendo los sueños grandes, los anhelos fuertes? Hablaba de esto con mi hermano Álvaro, una mañana de verano, en el jardín, con el sol de agosto despuntando, las rosas blancas que cubrían parte del muro en su esplendor, y el olor a lavanda que iba y volvía según soplaba el viento. Con creatividad, dijo él. Y yo redondeé: Y el amor es creativo, así que… con creatividad y amor. Aunque lo primero y más a mano que puedo cambiar es a mí mismo, eso no implica renunciar a querer cambiar el mundo. Y asumir que eso traerá sus tensiones, pero, la postura contraria —acomodarse en los sueños pequeños—, conduce al reuma interior. El psiquiatra Viktor Frankl declara:

> «Lo que el hombre realmente necesita no es vivir sin tensiones, sino esforzarse y luchar por una meta que le merezca la pena. Lo que precisa no es eliminar la tensión a toda costa, sino sentir la llamada de un sentido potencial que está esperando que él lo cumpla»[4].

---

4   Viktor Frankl, *El hombre en busca de sentido*, Herder, Barcelona, 1979, p. 148.

La meta no es vivir tranquilo. La paz que busca nuestro interior no es el silencio ni la rigidez de la tumba, sino la flexibilidad de bailar la vida, que siempre está en movimiento.

Comprométete… si te atreves

En la balanza, a veces el equilibrio se pierde por el lado de no querer complicarse en exceso. Necesitaremos entonces que nos recuerden que la vida es más que el lugar existencial donde estamos instalados cómodamente, que no podemos conformarnos con ir tirando, que hemos recibido muchos talentos y hay que preguntarse qué vamos a hacer con ellos.

Entre esos talentos, quizá el primero sea el tiempo. ¿En qué se nos van los días? En ocasiones nos puede el lamento y es muy fácil caer en la queja de «No tengo tiempo». Pero repetir, como si fuera un mantra, que nos faltan las horas, no va a sumar ni un segundo a la vida. Esto siempre me recuerda a la frase del escritor norteamericano H. Jackson Brown Jr.: «No digas que te falta tiempo. Tienes exactamente el mismo número de horas al día que las que recibieron Helen Keller, Pasteur, Miguel Ángel, la Madre Teresa de Calcuta, Leonardo Da Vinci y Albert Einstein».

Muy a menudo, en lo que dejamos de hacer bajo la razón de «No tengo tiempo» sería más acertado decir: «No tengo tiempo para *eso*». Lo que nos importa encuentra un espacio en nuestras veinticuatro horas de cada día. Y, es cierto, puede ocurrir que, en la teoría, tengamos muy claro que algunos aspectos son esenciales, pero luego eso no se plasma en la agenda. Tal vez haya que recordar las prioridades (ver capítulo 1 y 4) y pensar con realismo cómo darle el espacio necesario a lo verdaderamente significativo para nosotros. Las prioridades no son para tenerlas en una lista, sino para vivirlas.

La cuestión es, como diría Gandalf, «decidir qué hacer con el tiempo que nos han dado». Podemos dedicarlo a sueños pequeños o a sueños grandes. Los anhelos nos propulsan más allá de nosotros. Estamos hechos para los vínculos y vivimos más plenamente cuanto más nos comprometemos, porque la actitud ante las demás personas no puede ser de simple conveniencia y utilidad, sino de amor del bueno. «El mejor modo de acertar en el momento concreto en que se toma la decisión, es siempre elegir la posibilidad que proporciona una mayor capacidad de amar»[5].

Pero la libertad entendida como independencia está de moda. Queremos ser libres, que no nos digan lo que tenemos que hacer, no depender de nadie, marcar nuestro

---

5   Romano Guardini, *Apuntes para una autobiografía*, Encuentro, Madrid 1992; citado en Juan Ramón García-Morato, *Aprender a querer, saber vivir*, EUNSA, 2009, p. 120.

propio ritmo, tomar nuestras decisiones, que nada nos condicione. Es un deseo legítimo y, bien entendido, supone un potencial inmenso. No podemos vivir ni amar sin libertad. Pero es en el enfoque donde se encuentra el escollo.

«Tanta belleza concentrada [...] / en la invitación siempre única / de vivir la vida día a día / llenos de compromisos»[6], escribe el poeta José Manuel Gutiérrez. Eludir comprometerse para no perder la libertad no tiene sentido. La libertad es para usarla. Un constante afán de mantener abiertas todas las opciones, sin tomar partido, solo conduciría a un enorme vacío… Esa supuesta libertad no habría hecho más que cavar el pozo de una gran insatisfacción. Y, al contrario, una libertad que nos ha encaminado a bienes mayores habrá sido acertada y fecunda. Las responsabilidades que se desencadenan en cuanto empezamos a ejercitarla pueden dar vértigo, sí, y serán más grandes cuando empeñemos la libertad en fines más grandes.

De la misma manera, usar la libertad solo para el beneficio de uno mismo y para sueños pequeños es triste, una vida sin compromisos es triste. Es triste ser el amigo que el resto del grupo ya sabe que se va a bajar del plan en el último momento. Es triste que ir acelerado por la vida lleve a no mirar más allá de los propios zapatos o el propio reflejo. Es triste no llegar a conocer a nadie en profundidad y así

---

6 José Manuel Gutiérrez, *El libro de los asombros*, 2010, pp. 25-26.

asombrarse con toda su riqueza interior porque no se es capaz de mantener los lazos creados y «solo se conocen las cosas que se domestican», como le dijo el zorro al principito.

Una invitación a pensar juntos

En estas páginas se entretejen reflexiones, algunas a raíz de experiencias cotidianas, alimentadas tras leer a mucha gente sabia. También se nutren de muchas y grandes conversaciones con personas queridas; en el arte de no llegar a todo, los demás forman parte indispensable para vivir nuestra obra maestra; tal vez podría haber omitido sus nombres y contar esas ideas como meramente propias, pero el quehacer periodístico me ha enseñado a atribuir siempre las palabras de otros, y, en este caso, también las reflexiones que otros me han suscitado con sus preguntas y su conversación. Este libro es una invitación a continuar esas conversaciones (las emprendidas con un libro o con un amigo, aunque, ¿no son un poco lo mismo?), quiere ser un pensar en común, para poder seguir aprendiendo juntos, por el camino.

En algunos apartados, echo mano asimismo de autores espirituales que han marcado de manera innegable mi manera de mirar y vivir mis días. Creo que esas referencias pueden aportar también a un lector que no tenga fe, porque hablan a los anhelos universales del corazón humano.

1.
Orden en el amor

En el arte de no llegar a todo, lo fundamental es no fallar donde no puedes fallar. O al menos intentarlo. Para eso se necesita tener un orden de prioridades lo más claro posible o, dicho de otro modo, orden en el amor.

Hay muchas personas en la vida, mucha gente a la que amar y cuidar, mucha gente también por conocer, muchos proyectos que emprender, muchas causas en las que involucrarse. El orden en el amor da la paz de saber que, cuando las elecciones están guiadas por él, estamos donde tenemos que estar. También cuando en ocasiones apetecería más otro plan, cuando aparece el cansancio, cuando ha costado decir que no o que sí.

Disfrutar con la gente

Tras el nacimiento de Ignacio, nuestro segundo hijo, mi amiga Jasnagora (madre experimentada de familia numerosa) me preguntaba qué tal iba con la reorganización. Yo le dije: «*Reorganización* es la palabra. Sobre todo creo que necesitaba un cambio de mentalidad, de bajar expectativas». A lo que ella, con su inmensa sabiduría, me contestó: «Rebajar expectativas es necesario, pero a la larga hay que hacer un cambio completo de mentalidad, sí, dejar de medir la vida en clave de resultados y empezar a medirla como la *oportunidad de encontrarte con personas* (empezando por los que tienes más cerca)».

Para tejer los vínculos, se necesita tiempo. Solo en el tiempo es posible ir desvelando la intimidad, y eso es lo que permite construir relaciones sólidas y no de *fast food*. Pero aquí también aparece el problema de la falta de recursos: los días son escasos y hay muchas relaciones en nuestro tapiz. Por eso el orden en el amor es importante. En primer lugar, la familia.

La familia

Hace unos años, un periódico publicó algunos artículos con titulares tipo: «Tener el segundo hijo es malo para la salud mental» o «No tuve hijos para no atarme y ahora tengo que cuidar de mis padres». Textos que, bajo capa de una libertad pensada como autonomía absoluta, defendían que las relaciones —o al menos cierto tipo de relaciones— entierran el preciado tesoro de la libertad. ¿Es así?

¿Todos los lazos nos hacen menos libres? ¿La dependencia de estas relaciones es algo de lo que haya que huir?

La respuesta la expresa Juan Ramón Jiménez en estos versos:

«¡Sí, cada vez más vivo
—más profundo y más alto—,
más enredadas las raíces
y más sueltas las alas!
¡Libertad de lo bien arraigado!
¡Seguridad del infinito vuelo!»[7].

Mi familia me da esas alas por muchos motivos, pero incluso también desde el punto de vista práctico. Sé a ciencia cierta que sin mi marido mis días serían más cortos y menos fructíferos, acabaría más cansada y frustrada con mayor frecuencia. La familia no es el enemigo que te roba tiempo de otras tareas supuestamente más valiosas. La familia es tu equipo. Donde puedes estar en zapatillas, descansar y disfrutar, reír y llorar a gusto, pero también donde te pueden decir con toda paz y cariño cosas a veces necesarias como «Déjate de tonterías y no te des más vueltas», donde te desarman un enfado irracional con un toque de humor o una caricia (la *risura*, que dice el señor

---

7 Juan Ramón Jiménez, citado en José Pedro Manglano, *El libro del matrimonio*, Planeta, Barcelona, 2010, p. 40.

Marbury, mezcla de risa y ternura[8]), donde te conocen y por eso te quieren con tus *cosillas*, y a la vez te tiran para arriba y no te dejan caer.

Ante el afán generalizado de productividad, aprender a *perder el tiempo* con los más cercanos es un acto revolucionario. A veces lo esencial es echarse con tu hijo en la alfombra y no hacer nada. Tal vez ahí estemos haciendo mucho. Casi todo.

En una sociedad que valora y juzga tanto por éxitos y por apariencias, la amistad y la familia son los oasis donde podemos disfrutar del amor incondicional y donde nos entrenamos en amar así también nosotros.

Los amigos

La amistad no es una fase de la vida: mientras no tengo claro mi proyecto personal, hasta que comience la aventura de formar mi propia familia, cuando tengo tiempo disponible, en el momento en que he necesitado compañía… La amistad es valiosa por sí misma, y cada uno de esos vínculos tendríamos que construirlos como le enseña el zorro al principito: «Eres responsable para siempre de lo que has domesticado».

A veces las circunstancias cambian (unos se casan, otros cambian de ciudad o de país, los planes son distin-

---

8 Alfonso Paredes, *El señor Marbury*, Homo Legens, Madrid, 2020, p. 80.

tos, disminuyen las ocasiones para verse) pero eso no debería significar que las amistades se pierdan. Si un simple cambio de escenario lleva a la relación a desmoronarse, tal vez el vínculo era demasiado endeble. El amor es creativo, así que los amigos deben buscar las maneras de seguir tejiendo sus lazos pase lo que pase. Creatividad y flexibilidad.

Por otra parte, aquí hay que evitar también el peligro de querer «llegar a todos»: atender a todo el mundo, ser el amigo ideal, contestar siempre los *whatsapps* a tiempo, verse una vez a la semana, solucionar los diferentes problemas con el consejo adecuado… De vez en cuando viene bien cantarse, con los Beatles: «Hey, Jude, refrain. Don't carry the world upon your shoulders» y trabajar para que los límites (de tiempo, de capacidad, de «no me da la vida») no se conviertan en fuente de frustración. Pero que tampoco sean una excusa para no dar más cuando realmente sí que podríamos hacer algo, cambiar algo, para dar ese paso más que nos acerque a los otros.

La amabilidad de los extraños

Google Maps me decía que el siguiente bus era el mío. Así que, cuando llegó, ni me molesté en mirar el cartel que llevaba. Le dije al autobusero mi destino y pagué. De pronto, en la rotonda en la que tenía que seguir todo recto, giró a la derecha. «Bueno, irá a dar un rodeo». Pero, después de dos paradas por pueblos pintorescos, bajé del piso de arriba para poder preguntarle al conductor en la siguiente... que no llegaba. Me quedaba un 3 % de batería. Maravilloso. No iba a llegar a recoger a mi hijo Jaime del cole. Un pasajero debió de ver mi cara de angustia y se acercó a preguntarme adónde iba.

—Dirección Oxford.

—Este bus va dirección Witney [Bonito pueblo emplazado a una hora de mi casa en bus].

A los pocos minutos, el bus se detuvo. Confirmé con el conductor. ¿Por qué no me había dicho que iba equivocada al decirle mi parada? Se ve que hay otra que se llama igual en medio de los Cotswolds. Salí del bus.

La primera señora que esperaba para subir me indicó dónde debía coger el bus en la dirección correcta. Un chico que también estaba en la cola me informó de que el siguiente pasaba en 20 minutos. Cuando por fin llegó, el conductor me dijo: «No hace falta que pagues. Me ha contado mi compañero. Siéntate tranquila». Antes de bajarme, me preguntó, como habría hecho mi abuelo, si estaba en el sitio correcto.

Es lo que yo llamo, con el título de una película, «la amabilidad de los extraños». Son cosas diminutas, pero estos detalles de cariño de gente que ni me conoce me conmueven. Gente que te ve, que da un paso adelante para ayudarte cuando lo necesitas.

En nuestro orden en el amor, la chica que se equivoca de autobús no está en el *top ten*, pero me parece que eso es compatible con hacernos cargo de las circunstancias de otras personas que nos rodean, a las que no conocemos, pero a las que podemos ayudar, aunque sea un poco.

Algo similar ocurre con los llamados *conocidos*. Recuerdo que me impactó cuando, en los últimos años de carrera, un amigo comentó que él ya tenía todos los amigos que quería y necesitaba, y que no pensaba hacer ningún esfuerzo para incorporar más gente a su vida.

Está claro que «un millón de amigos», como canta la canción, si lo tomamos de manera literal, es materialmente imposible. Pero quedémonos con su sentido aspiracional, con esa actitud de apertura a las nuevas personas que puedan aparecer en nuestra vida y que, cuando llegan, no tenemos ni idea muchas veces de la importancia que cobrarán.

Como decía antes, hay una cuestión de recursos temporales: no puedes tener cinco mil «amigos del alma», no hay tiempo ni energías suficientes. Pero podemos tener muchos *conocidos* o compañeros. Aunque no sean ni lleguen a ser «mejores amigos», esos vínculos también son importantes.

Serán unos vínculos construidos de acuerdo con la relación que tenemos. No tratamos igual a nuestro cónyuge o pareja, a nuestros padres, a la amiga de la infancia, al vecino, a la panadera, a nuestro compañero de trabajo… Entra dentro de lo esperable y no tiene nada de malo, más bien al contrario. En mi ciudad, cogía tanto el autobús que con algunos de los conductores llegué a desarrollar una relación muy simpática, compartíamos pipas y nos contábamos cosas. No eran mis amigos, pero eso no significaba que los fuera a ignorar o a conformarme con un saludo frío y rutinario. Entre la amistad y la indiferencia existe una cantidad de matices en nuestras relaciones con el resto del mundo que se pueden explorar.

El lugar del yo

Al principio, el capítulo no tenía este apartado. No porque piense que no hay que apreciarse a uno mismo, sino porque lo daba por supuesto. Decidí incluirlo porque su omisión podía malinterpretarse. En las corrientes de la polarización, uno se arriesga a acabar en los extremos: o el individualismo egoísta o la abnegación resignada de quien se deja en último lugar, no por virtud, sino por una autoconcepción errónea, que puede llegar incluso a faltas de respeto contra uno mismo.

Autoestima y autorrespeto se refuerzan mutuamente, explica el filósofo David Cerdá, «siempre y cuando supongan un empeño conjunto»[9]. Para Cerdá, «cierta autoestima es un requisito para la vida psíquica sana»[10]. Y, además, «tiene innumerables efectos en el modo en que nos conducimos». Para acertar con la estimación propia, defiende que resulta necesario emprender un «camino hacia el interior», conocerse, «creer en mi propia madurez, responsabilidad e independencia». Y añade:

«Hay una relación entre integridad y autoestima, velada por la avalancha de mensajes publicitarios que aseguran que la autoestima es solo aceptarse y mimarse»[11].

La frase repetida abundantemente de que «Hay que amarse a uno mismo para poder amar a los demás» no puede tomarse como una excusa para el egoísmo sino que, como explica el papa Francisco en *Amoris laetitia*:

«Hay que evitar darle prioridad al amor a sí mismo como si fuera más noble que el don de sí a los demás. Una cierta prioridad del amor a sí mismo sólo puede entenderse como una condición psicológica,

---

9   David Cerdá, *Ética para valientes*, Rialp, Madrid, 2022, p. 87.

10   Ídem, p. 80.

11   Ídem, p. 82.

en cuanto quien es incapaz de amarse a sí mismo encuentra dificultades para amar a los demás»[12].

Porque la sana autoestima nos lleva al amor al prójimo, «forman un continuo», como escribe la psicóloga Lucía Pérez:

«Responder a las necesidades afectivas del ser humano también implica tratarse con respeto, dignidad y delicadeza, supone desterrar el autodesprecio y la dejadez. Esa conciencia de valía permite vivir con serenidad la entrega al otro, con la satisfacción de dar lo mejor que tenemos simplemente por el hecho de amar, no por recibir un afecto de vuelta. [...]. Una autoestima sólida permite poner a disposición de otros los propios dones, incluso las propias limitaciones»[13].

Frente a la amenaza del individualismo, Pérez propone vivir teniendo en cuenta la propia dignidad y la ajena: «Básicamente, cuidarse y cuidar».

Además, disfrutar de unos momentos de soledad, de cultivar un *hobby*, de seguir formándonos en algo que nos gusta, de leer, de dedicar un tiempo para Dios y para nues-

---

12 Papa Francisco, *Amoris laetitia*, n.101, consultado en www.vatican.va

13 Lucía Pérez, «Contra los peligros de la cultura individualista», *Nuestro Tiempo*, número 710, abril-junio de 2021.

tra vida espiritual… es indispensable, no es un lujo ni ser egoísta. En primer lugar, porque necesitamos el descanso (hablaremos más de esto a lo largo del libro); en segundo lugar, porque, si es un tiempo bien planteado, nos enfrentamos a las situaciones cotidianas con otra ligereza. No se trata de recargar las pilas para seguir siendo productivos, sino del orden en el amor que, no solo nos da paz, sino también vida, a nuestra vida y a los demás, porque el amor del bueno siempre es fecundo.

2.
Amor en el orden

«Tenía a sus pies dos canastas de esparto, una para la cáscara y otra para el fruto. Lo que hacemos con el tiempo es algo parecido: hemos de escoger qué hacer con él a cada instante, si dárselo al amor o a la tiniebla», escribe Jesús Montiel[14]. Creo que es una idea necesaria cuando se nos presentan en el día a día esas encrucijadas: ¿qué decisión implica más amor?, ¿dónde estoy amando más?, ¿esto me ayuda a crecer en el amor? La respuesta vendrá más clara que si dedicáramos media hora a hacer una lista de pros y contras.

Cuando una decisión te da paz (aunque pueda costar), eso señala que «ahí es». Al final, la paz es la consecuencia del orden, también del orden en el amor y del amor en el orden. Estas coordenadas no funcionan como un manual de instrucciones, sino que iluminan la pista de baile y

---

14 Jesús Montiel, *Notas a pie de instante - El amén de los árboles*, Pre-Textos, Valencia, 2023, p. 16.

nos permiten unos movimientos llenos de belleza, incluso cuando la vida se vuelve especialmente caótica. Con ellas en nuestra mente y nuestro corazón, no necesitamos ir mirando, angustiados, nuestros pies en cada paso o al compañero de al lado para ver qué es lo que sigue; tampoco preocuparnos infructuosamente de cuál será la siguiente canción que ponga el DJ. Bailar, vivir, con paz (hablaremos más de esto en el capítulo 7).

Dentro del amor en el orden pienso en:

1. hacer las cosas por amor (el *porqué*, la intención),
2. hacer las cosas desde el amor (desde el amor que tenemos a las personas, y desde el amor que nos tienen),
3. y hacer las cosas con amor (el *cómo*).

Por amor

Seguramente la mayor parte de las actividades que emprendemos tienen la mejor de las intenciones en sus comienzos: un favor a un amigo, un proyecto que puede ayudar a gente, la comida que les va a encantar en casa… Pero es una experiencia universal que, a veces, durante el proceso, la intención se va torciendo, sigilosamente, y de repente estamos enfadados removiendo el contenido sabroso de una sartén o nos indignamos si nadie lo valora como pensamos que merece; o el favor al amigo acaba pesando porque en el fondo descuadra los planes; o el proyecto empezado con tanta ilusión de repente trae más quebraderos de cabeza que satisfacción y me pregunto qué hace una chica como yo en un sitio como este.

Por eso resulta esencial tomar las decisiones con la intención recta (persiste el peligro de que se tuerza más tarde, quizá, pero, al menos, de entrada, que no esté torcida) y mucha libertad interior. Y, luego, que esas elecciones no pierdan su carácter originario de libertad, como le escuché a Jon Borobia, profesor y capellán de la Universidad de Navarra, que no está reñido con el compromiso, sino que va de la mano con él. Recordar todas las veces que sea necesario por qué se ha hecho esa elección (porque, si el motivo era bueno, correcto, tenerlo frente a los ojos ayudará a salir de la posible rueda de decepción que haya llegado a teñirlo todo de negro).

En el día a día, o metes el amor o te agotas. Puede sonar cursi decir que haces esto o aquello «por amor». Pero es que si no lo haces por amor, ¿cuál es la motivación final? Éxito, satisfacción, la propia imagen… cualquiera que no sea el amor te va a defraudar tarde o temprano.

Desde el amor

«Cuando dos personas se quieren, se crean muchos vínculos y muchas gustosas obligaciones que no son un peso, sino que son alas para la vida, lo que permite seguir adelante. Pero cuando uno aísla las cosas de la fuente que les da sentido es, lógicamente, más difícil», escribe Juan Ramón García-Morato[15].

La fuente es el amor a las personas. También el amor que recibimos, no porque debamos ganarnos su afecto, sino porque una mirada que ama es la mirada que capacita. Como afirma el psiquiatra Viktor Frankl:

> «Mediante el amor, la persona que ama hace posible que el amado manifieste sus potencias. Al hacerle consciente de lo que puede ser y de lo que puede llegar a ser, logra que esas potencias se conviertan en realidad»[16].

En la serie *This is Us*, Kate, una de las protagonistas, tiene, además de una voz preciosa, problemas de peso que empezaron en su adolescencia. En uno de los numerosos *flashbacks* que recorren la serie, Jack, su padre, la graba en vídeo sin que ella se dé cuenta mientras está cantando en su habitación. Su primera reacción es de enfado, pero, cuando finalmente ella ve la cinta, se fija en un espejo en el que aparece el reflejo de Jack, cámara en mano, con la

15 Juan Ramón García-Morato, *A la luz de su mirada*, EUNSA, Pamplona, 1999, p. 66.

16 Viktor Frankl, *El hombre en busca de sentido*, Herder, Barcelona, 1979, p. 156.

sonrisa y los ojos llenos de admiración. «No dejes de intentar hacerme verme a mí misma como tú me ves», le pide entonces Kate a su padre.

Para las personas que creemos en un Dios personal que es Amor, está claro que la fuente de nuestro amar debe estar en Él. Quienes viven más cerca de Dios y más se dejan empapar por su amor son los que mejor saben querer a quienes les rodean. Esto se ve en los santos, y no solo en los canonizados.

Con amor

Si el *por* y el *desde* se encuentran bien integrados en la propia vida, el *con* sale prácticamente solo. Se trata de hacer bien el bien. Aquí una palabra clave es *ternura*. Ternura, cariño, en nuestro modo de hablar, en nuestros gestos, en la manera de mirar. Vivir con ternura no implica ser pasteloso, ni sentimentaloide. Hay personas más afectuosas que otras, pero cada cual debe encontrar su manera de manifestar el amor que le mueve. No hay excusa para dejar de expresar el cariño en nuestro día a día. Cada uno con su lenguaje del amor, y aprendiendo también a entender y hablar el lenguaje del amor de los demás, como diría Gary Chapman.

Quizá lo contrario de hacer las cosas con amor no es tanto hacer las cosas con odio como hacer las cosas con indiferencia. O tal vez eso sea un primer paso, sutil, hacia el opuesto del amor.

Otro enemigo cotidiano contra la ternura es la prisa. De eso hablaremos en el capítulo 6.

Cuando ha faltado el amor. Arrepentimiento y perdón

—¿Te arrepientes de algo que hayas hecho en tu vida?
—De nada.

Es una pregunta-respuesta típica en las entrevistas a famosos de diferente calibre. ¿Cómo puede alguien decir sinceramente «No me arrepiento de nada»? Si partimos del hecho empírico de que nadie es perfecto y de que nos equivocamos abundantemente a lo largo de nuestra vida, ¿qué pasa por la cabeza y el corazón de quienes afirman esto con tanta tranquilidad? ¿No se arrepienten del daño causado a quienes más querían? ¿No tienen en su vida, como el común de los mortales, una lista más o menos larga de decisiones y acciones que llevaron a cabo y que resultaron nefastas, para él y/o para otros?

La perplejidad aumenta al encontrar esta seguridad en la bondad propia en personas de a pie, que conoces, y que puede que incluso hayas sido parte damnificada de alguna de esas acciones de las que no piensan que deban arrepentirse.

Algunos admiten una cláusula: «Me equivoqué, pero lo hice desde el corazón». Vale, al menos lo reconocen, pero ¿es suficiente? ¿Hacer las cosas desde el corazón disculpa cualquier error cometido? La intención cuenta, sí, pero ¿lo es todo?

Hay gente que, con sus sentimientos como única guía y abanderada con la bondad intrínseca de su persona, no solo se hiere a sí misma, sino a muchos otros. Cuando hacemos las cosas con la mejor de nuestras intenciones y aun así nos equivocamos, el camino consiste en asumirlo y aprender de los errores. Lo contrario es lo más parecido a jugar al pilla-pilla en una habitación con lámpara pero empeñándote en no darle al interruptor.

Otro punto interesante que obvian los seguidores del «Me equivoqué, pero con el corazón; era lo que sentía entonces» es que el ser humano no es siempre bueno.

Según este modo de pensar parecería que todos los fallos cometidos en nuestra vida tienen una intención positiva detrás, pero esto es ausencia de conocimiento propio y ajeno. Solo hay que abrir los ojos para comprobar que, de vez en cuando —o con frecuencia— a los seres humanos nos dan «ramalazos de malicia», como decía una de mis profesoras de Ética. Y no me refiero necesariamente a maldades gordas, a guerras, a corrupciones, a infidelidades. La malicia está también en el afán por criticar, en la deslealtad en el trabajo, en las contestaciones *bordes* (porque, claro, estoy cansado y no me sale del corazón sonreír, así que me aguantas mi cara de acelga), en las zancadillas para que el otro no brille más que uno, en las envidias…

No nos gusta reconocernos como los malos de la peli. Cada uno tenemos la imagen construida de nosotros mismos en la que somos bastante encantadores por lo general. Y puede que sea verdad. Pero no *toda* la verdad. Porque la realidad es que a veces también somos débiles, poco atentos, poco cariñosos, nos miramos el ombligo con contemplaciones, nos enfadamos si alguien nos fastidia un plan —aunque haya sido sin querer y con toda su buena intención—, juzgamos con una facilidad pasmosa y ni comemos según la dieta mediterránea, ni andamos diez mil pasos al día.

Por supuesto, la solución no es flagelarse ni quedarse anclado en el pasado, sino tener un arrepentimiento real, que propicie un efecto positivo en el presente. Parte de esta idea ya la afirmaba el sabio Rafiki en *El rey león*: «El pasado puede doler, pero puedes huir de él o aprender». En el capítulo 5 conversaremos más sobre el tema del perdón y el arrepentimiento.

Es normal que, tras un error, un proyecto fallido, un fracaso, una equivocación, haya una herida, pero ignorar ese pasado no lo cura y tampoco da la oportunidad de mejorar al no asumir la parte de responsabilidad que te pertenece. «La respuesta no es la huida», canta Maldita Nerea.

3.
El «gran agotamiento»

«La frase "estoy agotado" resuena en casa y en el trabajo como una respuesta tipo para expresar nuestro estado anímico. Parece que siempre estamos cansados pero, ¿y si es verdad que lo estamos?», se pregunta un artículo[17] sobre lo que algunos denominan el «gran agotamiento». Entre las causas de este fenómeno mencionan el estilo de vida insostenible que llevamos, las crisis económicas, la situación mundial... Se impone la locura de la productividad: debemos trabajar cuanto más mejor, siendo todo lo productivos que podemos llegar a ser.

El filósofo coreano Byung Chul-Han escribe que «la sociedad de trabajo se ha individualizado y convertido en la sociedad de rendimiento y actividad»[18], y que esta

---

17   Margaryta Yakovenko, «Vivimos en la era del Gran Agotamiento», *El País*, edición digital, 20/03/2024.

18   Byung-Chul Han, *La sociedad del cansancio*. Herder, Barcelona, 2012, 46 % de progreso. Cita basada en la edición digital, donde se utiliza el porcentaje de progreso en lugar de las páginas.

produce «depresivos y fracasados»[19]. «El hombre depresivo es aquel *animal laborans* que se explota a sí mismo, a saber: voluntariamente, sin coacción externa. Él es, al mismo tiempo, verdugo y víctima», explica. Han añade que esta *autoexplotación* resulta más eficaz que cuando la explotación viene de fuera, «pues va acompañada de un sentimiento de libertad»[20].

Sogatira

Del *burnout* se lleva hablando muchos años. Es normal terminar el día cansado después del trabajo y los compromisos familiares. Es normal tener momentos de mayor intensidad. El problema es la cronificación del estrés, o, más bien, cuando, entre los factores de estrés y los mecanismos que ayudan a afrontarlos, se cronifica el desequilibrio a favor de los primeros.

El síndrome del *burnout*, que empezó a identificarse en el plano profesional, ha llegado también a la crianza[21]: los progenitores que, tal vez partiendo de la sana ambición de querer ser los mejores para su hijo, se deslizan hacia el

---

19   Ídem, 30 % de progreso.

20   Ídem, 32 % de progreso.

21   Lucía Martínez Alcalde, «Madres y padres quemados» , Aceprensa, 20/10/2022.

perfeccionismo tienen más riesgo de alimentar el *burnout* parental.

Familia y trabajo se perciben a menudo como dos fuerzas que tiran cada una hacia el lado opuesto de la misma cuerda. Pero este sogatira no se juega en igualdad de condiciones. En vez de entender el trabajo como algo para el hombre y la comunidad, concebimos al hombre para el trabajo. Con esa mentalidad, está claro qué extremo de la cuerda lleva las de ganar. Y, como el extremo de los vínculos sigue tirando, reclamando justamente el espacio que se le debe, la tensión quizá haga que la cuerda se rompa.

En vez de ver la familia como un estorbo a la productividad, habría que volver a llenar de su verdadero sentido el trabajo: como lugar de desarrollo de la persona, como medio de subsistencia de las familias, como servicio a la sociedad. Tal vez con este cambio de mentalidad, podríamos virar el rumbo y empezar a «trabajar a una velocidad humana», como propone la catedrática de Filosofía Ana Marta González[22]. Abandonar el sogatira y usar la cuerda para unir.

«¿Cambiarías tu vida por lo que haces en ella?»

Reemplazar el paradigma de poder y control por el paradigma de fecundidad (*fruitfulness*, en inglés) es la pro-

---

22 Ana Marta González, «Trabajar a una velocidad humana», *Nuestro Tiempo*, número 716, abril - junio 2023.

puesta que Carrie Gress y Noelle Mering defienden en los libros de *Theology of the Home*. Admiten que el concepto *fecundidad* puede sonar arcaico y oscuro, ya que hemos crecido acostumbrados a estar centrados en conseguir y mostrar resultados, medir lo que hemos logrado en nuestro trabajo con unos indicadores bien precisos; y así, cambiar la lógica de la productividad por la lógica de la fecundidad parece que es adentrarse en lo desconocido y abstracto. No queremos abandonar lo que nos proporciona sensación de control. Pero las autoras señalan que, de hecho, *fruitfulness* es una forma de poder, pero un poder entendido como medio, no como fin en sí mismo, y un poder que se concreta en el servicio.

El tiempo dedicado a criar y educar a los hijos, por ejemplo, es un servir con un fin muy concreto (su supervivencia en primer lugar, su desarrollo y su educación), y donde los resultados no son automáticos: cuánto tarda un niño en aprender a andar, a hablar, a vestirse solito, a ir al baño, y a tomar sus decisiones, a distinguir el bien del mal, a aprender de los errores… Tener y cuidar hijos no es una actividad "eficiente" con los parámetros actuales más generales, o, como solía contar, con mucha gracia, el periodista Carles Capdevila: «Tener hijos no es práctico. Es apasionante, maravilloso, divertido, una aventura fantástica, Pero no es práctico». Y aun así, es una de las tareas más enormes y con más impacto a la que unos padres pueden dedicar su tiempo.

La fecundidad no se refiere únicamente a fertilidad. El cambio de paradigma es una propuesta para todo el mundo, y aplicable a cada momento vital. La fecundidad en los diferentes momentos de nuestros días la da el amor, como conversamos en el capítulo 2: hacer las cosas por amor, desde el amor, con amor. El amor es creativo.

«El amor, todo amor, cada uno a su modo, es siempre fecundo: origina realidad, perfecciones, desarrollo..., orienta y encamina hacia la plenitud», explica el catedrático Tomás Melendo. Y añade: «Esa fecundidad se alcanza, siempre, a través de la propia entrega y disponibilidad»[23].

En primero de carrera, el profesor de Filosofía Enrique Alarcón espoleaba nuestras mentes con la siguiente pregunta: «¿Cambiarías tu vida por lo que haces en ella?». Para que tu vida merezca la pena, precisaba, a lo que dedicas tu vida debe ser más grande que tu propia vida. Ahí está la fecundidad.

Ante esta cuestión, es fácil que empecemos a imaginar grandes hazañas y proyectos. Estamos tan acostumbrados a medir todo con la regla del éxito y la productividad que nos cuesta mucho trabajo convencernos de cómo mueven el mundo las personas corrientes. Edith Stein escribió:

---

23 Tomás Melendo, *Amar, aquí y ahora*, Asociación Edufamilia, Málaga, 2017, pp. 227-228.

«Seguramente, los acontecimientos decisivos de la historia del mundo fueron esencialmente influenciados por almas sobre las cuales nada dicen los libros de historia. Y cuáles sean las almas a las que hemos de agradecer los acontecimientos decisivos de nuestra vida personal, es algo que solo sabremos el día en que todo lo oculto será revelado»[24].

Qué bonito pararse a pensar en quiénes han sido y son esas personas para nosotros. Y si nosotros podemos ser esas almas anónimas para otros.

La fecundidad no se ve, no resulta vistosa en la mayoría de los casos y su ritmo puede parecernos lento.

«Bajo la nieve,
en los narcisos late
la primavera»[25].

Los bulbos de los narcisos se plantan entre septiembre y noviembre; a partir de enero los tallos comienzan a emerger de la tierra y, unas semanas después, sus corolas amarillas resplandecen por doquier, aportando luz a los cielos preprimaverales.

---

24 Edith Stein, *Vida escondida y epifanía*, en Obras Completas V, Burgos, 2007, 637. Citado en *Gaudete et Exsultate*, papa Francisco, consultado *online* en www.vatican.va

25 Marcela Duque, *Bello es el riesgo*. Rialp, Madrid, 2019, p. 29.

La dinámica de la fecundidad está en las antípodas de la producción —externa, palpable, medible—. Además, no lleva al activismo, porque, quien vive enraizado en ella sabe que no todo depende de uno mismo. Cada cual hace lo que debe hacer, y a veces el resto de la misión es esperar, contemplar.

Por el contrario, al caer en el activismo y el estrés, como explica José Brage en *Deseando amar*:

> «… perdemos de vista que el mundo es sobre todo algo a acoger, con espíritu de asombro, agradecimiento y contemplación; solo después es algo a transformar y dominar con nuestro trabajo»[26].

Nos cuesta percibir que en la acogida hay actividad, que no se trata de algo meramente pasivo. Metidos en la rueda de hámster del hacer, parar y contemplar, o hacer cosas que *no sirven para nada* supone un ejercicio costoso… en el que vale la pena entrenarse. Podemos practicar recuperando el sentido verdadero del ocio.

6 maneras erróneas de entender el descanso

En Corea del Sur organizan anualmente, desde 2014, un concurso de no hacer nada: gana quien permanece más

---

26 José Brage, *Deseando amar*, Jotabé Ediciones, Madrid, 2021, p. 527.

relajado durante hora y media[27]. Aunque no considero que sea la solución para el «gran agotamiento», es sintomático de una sociedad que pide a gritos parar.

Aprender a descansar es una parte imprescindible del arte de no llegar a todo. Y el descanso no es solo para el verano o para una competición en Seúl. O metemos descanso y momentos de ocio bien entendidos en nuestro día a día o nos ahogamos.

1. «Ya descansaré durante el finde / en las vacaciones»

Hemos relegado el tiempo de ocio a unos momentos muy concretos, pero, aunque a veces parezca materialmente imposible con los horarios laborables y la logística familiar, creo que vale la pena el esfuerzo de incorporar a nuestras rutinas momentos, aunque sean pequeños, de coger oxígeno y esponjar el corazón. Si hace falta apuntarlos en el calendario, se apuntan, sin dejarlos en las volátiles manos de la espontaneidad. Son tan importantes como una reunión de trabajo, recoger a un niño de una extraescolar o llamar a tu madre.

Si no entendemos el ocio como algo de nuestro día a día, se vuelve más fácil darse atracones los fines de semana o en vacaciones: como alguien que lleva una temporada

---

27 Ana Vidal Egea, «El sueño de los surcoreanos (y de muchos de nosotros): no hacer nada», *El País*, edición digital, 29/07/2024.

sin tomar chocolate y, cuando lo tiene a mano, se come una tableta entera con avidez, como si se la fueran a quitar de las manos. «Ahora que tengo este tiempo libre voy a aprovechar a hacer todo lo que no hago cuando no lo tengo». Con el riesgo de acabar agotados de lo que supuestamente tenía que descansarnos.

Nuestra vida está compuesta de semanas de siete días en las que no podemos limitarnos a vivir solo dos de ellos, porque es como si el resto del tiempo nos conformáramos con "ir tirando", esperando con resignación la llegada de los momentos estrella. Con todas nuestras expectativas por las nubes, aspiramos a que sean extraordinarios, algo totalmente distinto de lo de cada día, pero, si los pronósticos no se cumplen, aparece fácilmente la frustración.

2. La *tengoqueitis*

«Tengo que hacer deporte», «Tengo que quedar con este amigo», «Es que no me da la vida». Si dejáramos de emplear algunas de estas expresiones que campan a sus anchas en nuestras conversaciones (también en las conversaciones con uno mismo) o, al menos, no abusáramos de ellas, notaríamos un cambio. El discurso interior y exterior que alimentamos nos afecta, para bien o para mal.

Es verdad que en la vida hay muchas obligaciones y cosas que tenemos-que-hacer. Pero existen otras muchas que queremos hacerlas, que nadie nos obliga, que las hemos elegido nosotros, pero que acaban cayendo en el saco del tener-que. Propósitos ilusionantes que hemos abordado cargados de emoción se convierten en obligaciones llenando nuestra agenda de manera amenazante: «Tengo que ir al gimnasio», «Tengo que quedar con mis amigas», «Tengo que apuntarme a ese curso»... No, no tienes-que hacer nada de eso. Tienes que comer, porque si no te mueres; tienes que dormir, porque si no, aunque no te mueras, te explota la cabeza; tienes que seguir tu conciencia; tienes que ir a recoger a tus hijas al cole... esto y algunas cosas más —no muchas— sí tienes-que. El resto pertenecen al campo de nuestra libertad y nuestra voluntad.

El tener-que siempre posee un toque de presión —aunque sea autoimpuesta—, de destino irrefutable. Rescato la idea del capítulo 1: esas decisiones no pueden perder el carácter originario de libertad. Esto se concretaría, entre otras cosas, en cambiar los «Tengo que» por «Quiero» o directamente por «Voy a»: «Esta tarde quiero ir al gimnasio», «Voy a planificar ese viaje», «Quiero ir a ver a una amiga».

Las palabras son poderosas, pero no hacen magia. Simplemente cambiar el enunciado no va a hacer que nada cueste. Es compatible querer hacer algo con los «aunque no me apetece / estoy cansado». Porque nuestro querer y nuestra libertad no son nuestras apetencias ni nuestros cansancios. Son más grandes, más fuertes —si nos lo proponemos—. Y cuando esas decisiones libres empiezan a petrificarse en obligaciones, es hora de volver al *quiero* original, al sí del comienzo, recordar que queríamos sacar tiempo para escribir, que queríamos ir al gimnasio porque, aunque nos dé pereza, nos viene bien.

3. El ocio productivo

A nuestra manera de plantearnos el tiempo libre se le ha pegado la lógica de la productividad que impera en la vida laboral: corremos a ver la última serie (y engullimos una temporada entera de una sentada); mientras hacemos deporte, para no *perder* el tiempo, escuchamos un pódcast de aprender inglés en 6 minutos; hasta la lectura, ámbito de reposo, se ve salpicada por retos que miden el número de volúmenes *consumidos*.

Pero, justamente el ocio, como lo entendían los clásicos, es lo contrario a *ser productivo*. La oferta gigantesca de entretenimiento no lo pone fácil: hace un par de años leí que para ver todos los millones de minutos de series disponibles en Netflix necesitarías más de cuatro años de visionado ininterrumpido.

Los ratos de disfrutar no pueden estar regulados por una lista rígida de *to-do* como si fueran las tareas a completar en un día de trabajo. Si no conseguimos que el ocio sea el reino de la libertad y no del tengo-que, no lo conseguiremos con nada.

No gusta reconocerse limitados, pero, a falta de *giratiempos* como el de Hermione en *Harry Potter* (un dispositivo que permitía viajar al pasado para vivir por duplicado), el reto consiste en emplear el tiempo del que disponemos de la mejor manera posible. «De la mejor manera posible» no quiere decir «lo más eficientemente posible», sino «con el mayor amor posible» (ver capítulo 2).

Cuando hablaban del ocio, los clásicos se referían al tiempo para el estudio, para el conocimiento: pero no desde un afán de acumular títulos, ni de presumir de cuánto sabía cada cual, ni un conocimiento para "hacer algo con eso", sino por mero amor a la sabiduría. Cuando caemos en el activismo es porque hemos perdido de vista que hay muchas cosas que hacemos en la vida "porque sí", sin buscar y/o sin obtener un resultado o eficacia, y que puede que muchas de esas sean de las cosas más importantes que hagamos.

La filósofa estadounidense Zena Hitz también habla sobre esto:

> «El ocio es una actividad que se basta a sí misma, que podría ser la culminación de tu existencia. Hay quien dice que se podría tirar toda la vida en la playa, pero la mayoría de las veces no va en serio.

Sin embargo, existen actividades —el pensamiento, el estudio, el arte, la música, la oración— que son una especie de cima en las que uno puede decir: "Mi vida va de esto"»[28].

Una forma, según Hitz, de distinguir el buen ocio del malo es mediante el test del meteorito:

«Si cayera mañana un meteorito, ¿seguirías haciendo eso? Si la respuesta es que no, es porque lo que haces no se basta a sí mismo»[29].

4. El activismo

Me gusta mucho la definición de *descansar* como "cambiar de actividad", pero hay que comprender que no se trata de caer en un activismo frenético que nos lleve a enlazar un plan tras otro.

Lo que hacemos con nuestro ocio forma parte de los mecanismos o estrategias para alejar el peligro de *quemarse* en los momentos de más carga, pero los criterios de eficiencia y rendimiento se han colado hasta en el tiempo libre. Byung Chul-Han critica que el ocio se ve ya simple-

---

28   Teo Peñarroja, «Zena Hitz: "Puede que en las universidades no se piense. Lo encuentro terrorífico, pero sucede"», *Nuestro Tiempo*, número 717, agosto - octubre 2023.

29   Ídem.

mente como un medio, descansar para luego poder seguir produciendo:

> «En las relaciones de producción capitalistas, la inactividad regresa como un afuera cerrado. La llamamos "tiempo libre". Dado que este es útil para el descanso del trabajo, permanece presa de su lógica. En cuanto derivado del trabajo, es un elemento funcional en el seno de la producción. Con ello se hace desaparecer el tiempo realmente libre, que no pertenece al orden del trabajo y la producción. [...] El "tiempo libre" carece tanto de la intensidad vital como de la contemplación. [...] Una vida intensa hoy implica, sobre todo, más rendimiento o más consumo. Hemos olvidado que la inactividad, que no produce nada, constituye una forma intensa y esplendorosa de la vida. A la obligación de trabajar y rendir se le debe contraponer una política de la inactividad que sea capaz de producir un tiempo verdaderamente libre»[30].

5. El descanso cansado

Si el descanso no hace descansar, urge un cambio de planteamiento del tiempo libre. Me refiero a descansar, al me-

---

30 Byung-Chul Han, *Vida contemplativa: Elogio de la inactividad*, Taurus, Madrid, 2023, 3 % de progreso.

nos, mentalmente: a veces sucede que un fin de semana resulta cansado físicamente porque hemos realizado una excursión o un viaje, o hemos hecho varios recados..., pero si hemos logrado desconectar del trabajo y conectar con nuestra familia, nuestros amigos, ahí ha habido descanso, y empezamos la semana con agujetas en las piernas, pero con el corazón esponjado.

No hemos cumplido el objetivo si en nuestro interior estamos agotados porque la multitud de planes que hemos organizado nos ha llevado a ir con prisas, estresados, a no disfrutar de cada momento por estar pensando ya en el siguiente.

6. El descanso como fin en sí mismo

En los momentos de descanso hay que renunciar a tenerlo todo controlado y medido al milímetro, y también ganar en flexibilidad para no sufrir cuando un plan no sale o no sale como estaba previsto o se tuerce por cualquier motivo.

Al final se trata de no perder el foco: el descanso no es el fin último, el fin son las personas («cuidarse y cuidar», como dice Lucía Pérez[31]), tener momentos de encuentro donde poder disfrutar los unos de los otros, en familia, pasarlo bien con un amigo, conocer gente nueva, conocer

---

31 Lucía Pérez, «Contra los peligros de la cultura individualista», *Nuestro Tiempo*, número 710, abril-junio de 2021.

más a quienes ya tenemos en nuestra vida. Todo eso se puede llevar a cabo de miles de maneras: visitando museos, yendo al monte, organizando un picnic en la cocina, preparando una receta juntos, dando un sencillo paseo… Cuando *el plan* acaba siendo más importante que las personas, hay que recalcular.

Cuidar a los amigos me parece una parte importante de nuestro disfrute y nuestro descanso. También en períodos vitales en los que parece más difícil (por ejemplo, con niños muy pequeños); pero la ganancia que supone el esfuerzo por cultivar esas amistades no solo impacta positivamente en nuestras vidas, sino también en las de nuestros hijos, si somos capaces de mostrarles el regalo que supone la amistad, un tapiz que no se teje solo[32].

Descansar para amar y descansar amando. En el matrimonio es clave crear oportunidades de descanso, encuentro y disfrute compartido en el día a día. Momentos de ser tú y yo, marido y mujer, y no solo organizadores de logística familiar, médicos y tutorías, listas de la compra y de cosas por hacer.

Me encanta cómo lo subraya la neuropsiquiatra Mariolina Ceriotti:

---

32 Lucía Martínez Alcalde, «La otra conciliación: cuidar a los hijos y cuidar a los amigos», Aceprensa, 21/09/2021. Consultado *online*.

«El cansancio y la presencia de los hijos son los motivos aducidos con más frecuencia para renunciar a estos espacios compartidos. Pero contrastar ideas sobre la paternidad y maternidad (que, en todo caso, es muy importante) no es suficiente para la pareja; una pareja se aviva realmente si tiene varios planos de encuentro, y la condición de progenitores es solo uno de ellos. Tenemos que cultivar también la amistad, que es el nivel de la confidencia, y la conyugalidad, que es el nivel del deseo. Para hacerlo es necesario dedicarle un tiempo. Precisamente por el interés de toda la familia, y por tanto de nuestros hijos, tenemos que recordar que la pareja está antes y que también debe tener cuidado de su propia relación. En efecto, la seguridad básica de cualquier hijo se fundamenta sobre la estabilidad y sobre el amor de sus padres»[33].

El tiempo con los hijos también es necesario para construir la relación con ellos y cimentar la confianza sobre la que se puede educar mejor. Para eso se necesita *cantidad* de tiempo… no hay *calidad* si no hay algo de *cantidad* donde anclar esa *calidad*. Hay que plantearse si tal vez otras cosas menos importantes están quitando oxígeno necesa-

---

33 Mariolina Ceriotti Migliarese, *Cásate conmigo… de nuevo. Crisis y renacimiento de la pareja*, Rialp, Madrid, 2022, p. 121.

rio en el día a día a nuestro matrimonio y a nuestros hijos. Encontrar el equilibrio no es fácil y además es un equilibrio cambiante, porque habrá épocas en las que se tenga más disponibilidad y otras menos, y habrá momentos en los que un hijo necesite más atención que otros...

Las casuísticas personales y familiares son inmensas y no existen instrucciones únicas e inamovibles. Pero ayuda parar y repensar, porque a veces, ante el «gran agotamiento» es lógico que oigamos una queja que viene desde dentro y que expresa una intuición verdadera: «Debe haber otra forma de vivir», en palabras de una canción[34].

Saber descansar es también una lección de humildad: en primer lugar porque descubrimos que por estar x días desconectados del trabajo no se acaba el mundo, no somos tan imprescindibles (donde sí somos imprescindibles y no intercambiables es en nuestra familia), y en segundo lugar porque el cansancio nos pone frente a nuestras limitaciones: nos encantaría poder ser productivos 24/7, pero necesitamos parar, dormir, comer, coger aire, y seguramente muchos hayamos tenido experiencias cercanas o propias de qué ha pasado cuando hemos forzado mucho el cuerpo y la mente en este sentido.

---

34 *Otra forma de vivir*, Joan Dausà y Aina Zanoguera (2021).

Cuando te rompes

Hace tiempo que comenzó a resquebrajarse, afortunadamente, el tabú a la hora de hablar de salud mental. Ahora no resulta extraño escuchar a un amigo o a un conocido incluir en la conversación un «El otro día, cuando fui al psicólogo…», como quien habla de su visita al médico de familia o al dentista. Y está bien que sea así. Si algo en tu organismo no funciona bien, si sientes un dolor que no se pasa con nada, si te has cortado un dedo, lo conveniente es ir al médico. Esto, que pensando en nuestro cuerpo nos parece tan lógico, se aplica igual a nuestro mundo interior. Si, por intentar llegar a todo, te acabas rompiendo por dentro, no dudes en pedir ayuda. Mejor, de hecho, si pulsas el botón de alarma antes de quebrarte completamente. Y, si lo necesitas, también acude a un profesional.

No se trata de patologizar los avatares de la vida. Como muchos expertos explican, podemos vivir cada día situaciones de estrés, de tristeza… y eso no es símbolo de mala salud necesariamente. El psiquiatra Fernando Sarráis escribe:

> «No hay peligro en sufrir estrés, mientras lo mantengamos dentro de unos límites en los que no nos produzca síntomas patológicos (físicos o psíquicos), y mientras tengamos un buen equilibrio entre los momentos de estrés y los de relajación. Para algu-

nas personas (tranquilas, seguras, optimistas), mantener controlado el estrés y tener un buen equilibrio entre estrés y relajación es relativamente fácil; para otras (inseguras, pesimistas, preocupadas), esta tarea es casi imposible, y necesitan la ayuda de los profesionales»[35].

El doctor puntualiza también que hay que prestar especial cuidado «con las situaciones de *estrés agudo* muy intenso (muerte de seres queridos, pérdida de trabajo, enfermedades graves, situaciones de abuso físico o psíquico, etcétera)», pero añade que, a veces, «es más peligroso el *estrés crónico* (menos intenso pero más prolongado)»[36].

La dificultad para reconocer que se ha llegado a un punto de no retorno se conecta con la incapacidad de reconocernos vulnerables. Hablaremos de eso en el capítulo 5, pero va una cita de la psiquiatra Ana Mas como aperitivo:

«Al comprender que el sufrimiento es algo normal, somos más capaces de relativizarlo y de no juzgarnos a nosotros mismos ni sentirnos juzgados por los demás. Esta capacidad de ver el dolor como una experiencia compartida por todos los seres humanos

---

35 Fernando Sarráis, *Aprendiendo a vivir el descanso*, EUNSA, Pamplona, 2011, p. 52.

36 Ídem, pp. 52-53.

nos hace más sencillo pedir ayuda cuando la necesitamos, encontrando soluciones y alivio de manera precoz en las relaciones interpersonales»[37].

---

37   Ana Mas, *Conócete, acéptate, quiérete*, Bruguera, Barcelona, 2021, posición 295.

4.
Aprender a decir que no

Cuando empezaron a preparar la actuación de Navidad en el cole, le pregunté a mi hijo Jaime (siete años en ese momento) si tenía algún papel y me dijo todo seguro que sí. El año anterior había sido el buey, nada más y nada menos.

—¿Y qué eres?
—*Townsperson*.

Townsperson. Una persona de la ciudad, un ciudadano normal. En el belén, ni siquiera un pastor o una lavandera, sino uno que pasaba por ahí. Y estaba feliz. En ocasiones nosotros queremos tener un papel, en la vida, en el trabajo, en el grupo de amigos, pero, a veces, el papel que nos toca suena a algo con tan poco brillo como *townsperson*. Y cómo cuesta aceptarlo con la sencillez y la alegría de los niños.

El brillo se lo tiene que poner cada cual. Aunque luego recordé lo que dicen en la película *Encanto* (2021): «Las estrellas no brillan, arden», y de la peli de Disney mi mente saltó a Catalina de Siena y su «Si somos lo que debemos ser, prenderemos fuego al mundo entero». Ser lo que tenemos que ser: un desafío para nuestra identidad y nuestra misión. Me pregunté si ambas cosas, de hecho, coincidían, y encontré una respuesta en Guardini:

«Debo situarme en mi ser tal y como es y asumir la tarea que así se me asigna en el mundo. Este es el terreno de todo lo que se llama "vocación"; porque desde aquí me acerco a las cosas, y desde ahí las acojo»[38].

Encarnamos nuestra misión personal en el mundo «respondiendo fielmente a las pequeñas tareas, a las cuestiones pequeñas y humildes de cada día», afirma Erika Bachiochi[39]. La pensadora estadounidense remarca que esto no implica que dejemos de soñar, solo que «nuestros sueños adquieren un nuevo dinamismo y sentido cuando han sido tamizados y crecen orgánicamente del suelo de una vida bien vivida... hoy». Y propone una serie de preguntas «pequeñas y humildes» para plantearse cada cual:

«¿De quién o de qué soy responsable hoy? ¿Cómo puedo usar bien mi tiempo? ¿Qué debería hacer en esta

---

38 Romano Guardini, *Aceptarse a uno mismo*, Rialp, Madrid, 2023, p.19.
39 Erika Bachiochi, «To Find Your Life's Mission, Follow Your Questions», *Public Discourse*, 9/06/2021. Consultado *online*.

situación? ¿Cómo trato a esta persona con el amor y la dignidad que merece?».

Ser lo que tienes que ser. Y estar en lo que tienes que estar; porque a veces tenemos veinte asuntos girando a la vez en la cabeza, tirándonos de la ropa, reclamando nuestra atención. Pero no podemos atenderlos a todos a la vez. Ni debemos.

Brillar o arder

«No por mucho escoger hay más posibilidades de acertar», escribe Natalia Sanmartín Fenollera en la primera página de *El despertar de la señorita Prim*[40]. Se despliegan tantísimas posibilidades delante de nuestros ojos, recibimos tantos *inputs* por tantos canales que necesitamos estar muy anclados en el quiénes somos, qué queremos, qué haremos con nuestra vida… para no ahogarnos. Y para prender fuego al mundo.

Responder a esos interrogantes nos ayuda a tener las prioridades claras y, con las prioridades claras, resulta más sencillo tomar decisiones. Puede que en parte por eso cueste tanto elegir. Si no se sabe lo que se quiere y cómo, si no se tiene claro el orden en el amor, qué lugar ocupa cada persona, cada proyecto, cada cosa, cada deseo en el

---

40 Natalia Sanmartín Fenollera, *El despertar de la señorita Prim*, Planeta, Barcelona, 2013, p. 13.

corazón y en la vida... enfrentarse a una decisión se convierte en algo agobiante.

Juntemos esto con el FOMO y la cantidad tirando a infinito de opciones que se nos presentan en la vida en las diferentes disyuntivas.

Añadamos el miedo a elegir, porque llevan años vendiéndonos (y nosotros comprando) la idea de «Puedes tenerlo todo» y cuesta asumir que elegir implica renunciar.

Que cuando elijo en un restaurante un plato, renuncio a los demás.

Que cuando elijo un trabajo, no quiere decir que renuncie para siempre a todos los demás, pero, al menos, en ese momento, sí.

Que cuando elijo a una persona con la que compartir mi vida para siempre, renuncio a las demás.

Etcétera. Etcétera.

Tomar decisiones a veces tensa. Pero deberíamos ser capaces de vivirlo con paz, con plena conciencia de lo que supone, con la alegría de ejercer la libertad, sin dejarnos llevar por la parálisis del miedo. Y sabiendo que las elecciones nos pueden hacer más libres o menos libres.

Unas semanas antes de nuestra boda, cenando en una cadena de comida rápida (porque había que elegir entre "operación chaqué" o disfrutar de unas buenas hamburguesas), le conté a Pablo que una amiga me había preguntado si no tenía miedo a perder la libertad al casarme. Yo había contestado cosas muy abstractas y complicadas, pero él lo resolvió mucho mejor: «Tu libertad es más grande cuanto más grande es aquello en que la comprometes. Y cuanta más libertad, más felicidad». Nosotros decidimos: ¿brillar o arder?

Tanto lo que brilla como lo que arde dan luz, en eso se parecen. Podemos contentarnos con iluminar, con que se nos vea. La luna que resplandece en lo alto del cielo en una noche cerrada hace un buen servicio a los viajeros. Sin duda, es mejor ser luna que ser tinieblas. Pero nada crece bajo su luz, una luz que ni siquiera es propia, sino un reflejo. Por otra parte, lo que arde, además de iluminar, aporta calor; lo que arde puede prender su fuego en lo que toca; lo que arde se transforma al arder. Del mismo modo, cada cual, cuando abraza su propósito y cuando no pasa de puntillas por las elecciones.

Libertad, por tanto, para soñar grande y para amar mucho, libertad para comprometernos. Libertad para elegir y libertad también para aceptar y acoger. Y si ese año en la actuación te toca *townsperson* en vez de buey, tienes toda la libertad interior a tu disposición para elegir hacer de tu papel lo mejor, sin lamentarte por el buey que fuiste y sin mirar con resentimiento al compañero que hace de ángel Gabriel y sale cuatro veces al escenario.

Lo explica fantásticamente José María Torralba en su ensayo «Peregrinos y errantes»:

«Por el carácter temporal de la vida humana, la situación habitual será la de cierta tensión entre lo que somos y lo que nos gustaría ser. Madurar entraña, en buena medida, ir cerrando ese hiato y ajustar nuestros ideales a lo que de modo realista podemos lograr. En no pocas ocasiones, la libertad consiste más en aceptar que en hacer. Pero no se trata de una aceptación derrotista, sino basada en la capacidad de encontrar sentido. El sentido nos permite integrar en la propia vida lo sobrevenido y adaptarnos a las circunstancias que no podemos cambiar. También eso soy yo»[41].

Y con la libertad, la responsabilidad, que, como escribe Ceriotti, aunque sea una palabra que a veces da miedo, su etimología no es nada amenazadora:

«Responsabilidad es un sustantivo que tiene su origen en el verbo "responder", una de las palabras centrales y más bellas de la comunicación y de la

---

41 José María Torralba, «Peregrinos y errantes. Sobre libertad y compromiso en el mundo actual», *Nuestro Tiempo*, número 709, marzo - mayo 2021.

relación. Asumir la responsabilidad de algo o de alguien significa responder a una llamada»[42].

La llamada. El sentido. Nuestra identidad y nuestra misión. ¿Brillar o arder?

Decir no para decir sí

«A cuántas cosas dice no cada sí que pronunciamos», proclama un verso de Miguel d'Ors que Enrique García-Máiquez glosa en una de sus columnas[43]:

> «He padecido en mis carnes que cada sí tiene un coste de oportunidad, como explicaría un economista, en cosas que uno ya no puede hacer por falta de tiempo, de silencio, de dinero, de fuerzas o de poder de bilocación».

Y, justo después, añade que todavía es más clave tener en cuenta lo contrario, los noes para poder mantener los síes ya comprometidos:

> «A cuántas cosas dice sí cada no que, por una vez, hayamos sido capaces de balbucear aunque torpe-

---

42 Mariolina Ceriotti Migliarese, *El alfabeto de los afectos*, Rialp, Madrid, 2022, p. 99.

43 Enrique García-Máiquez, «Sí, sí; no, no», *Nuestro Tiempo*, número 713, abril-junio de 2022.

mente. Un no a un lío sobrevenido implica cumplir una tarde de trabajo ya planificado y una cena en familia y hasta una hora última de lectura en paz. Hay que tener muy presentes esos síes implícitos, siempre en el alero, que te conquistará un esforzado no».

Por supuesto, como él mismo dice, hay que valorar cada caso con prudencia. A veces será necesario decir sí a ese lío imprevisto, a veces será lo mejor y lo disfrutaremos al máximo. Estar muy anclados en el quiénes somos y qué queremos nos ayudará a decidir.

Decir que no a cosas que no apetecen, que son muy costosas, que son un jaleo cero atractivo es fácil. Lo complicado es decir no a opciones buenísimas, planes que pintan muy divertidos y apetecibles, proyectos que intuyes que pueden valer la pena por H o por B. Ahí es donde tener claras nuestras prioridades y, como dice García-Máiquez, «nuestras vocaciones auténticas», puede ser de mucha ayuda.

El poeta termina diciendo que «quien más noes tiene que llevarse ¡y a lo largo de un solo día! es con diferencia uno mismo, que es —soy— el más liante y caprichoso de todos mis amigos, conocidos y saludados».

No gusta ser el que tiene que recibir los propios noes. Uno puede sentir que está negándose a sí mismo. Y es que lo es. Pero entendámoslo bien. A veces debemos decirnos que no porque lo más auténtico de nosotros mismos no es seguir siempre las apetencias del momento (y eso, que parece un no, en el fondo es un sí) y porque tenemos un orden en el amor.

¿A qué le digo no y a qué sí? Repasa el orden de prioridades, observa el calendario con realismo y recuerda que eres mortal. Cuando se aprende a dominar —un poco, aunque sea— el aprender a decir que no, algo que puede ocurrir es que ataque la pena por lo que te estás perdiendo, la inquietud por los trenes que no estás cogiendo... Nos han colado demasiado la engañifa de «Puedes hacer lo que te propongas». Como frase motivacional está bien, pero es veneno si pierdes contacto con la realidad.

Por una parte, nos topamos con la barrera de «No llego a todo» y quizá acabamos pensando que estamos haciendo algo mal. A veces ese será el caso. Pero hay que distinguir entre lo que está en nuestra mano cambiar («A problemas, soluciones», decía mi tío Pepe), de lo que no depende de nosotros. Otro caso es cuando la exigencia de llegar a todo nos lleva a sentir que estamos mal hechos nosotros mismos. Sobre esto, Byung-Chul Han comenta:

«El lamento del individuo depresivo, "Nada es posible", solamente puede manifestarse dentro de una

sociedad que cree que "Nada es imposible". No-po-
der-poder-más conduce a un destructivo reproche
de sí mismo y a la autoagresión»[44].

Por otra parte, como decía antes: elegir es renunciar.
Esto se muestra muy bien en la película *Todo a la vez en
todas partes*, ganadora de varios Óscar en 2023: cuando
empiezas a vivir en diferentes universos paralelos, cuando
te quedas obnubilado por todos esos «mundos posibles»...
pierdes el presente, te pierdes la vida. Y te pierdes lo mejor
que tienes, que es tu realidad. Porque los escenarios de «¿y
si...?» no existen.

Quizá duele decir que no a proyectos —propios o ajenos— que resultan atractivos, pero que, en un determinado
momento, no podemos asumir. Personalmente, me ayuda
pensar que a veces ese no no es un no, sino un «No ahora,
pero quizás sí cuando termine con estos otros compromisos que tengo entre manos» o «No ahora y no así, pero
buscaré el momento y el modo». Según el filósofo Miguel
Ángel Martí García, lo propio de las ilusiones de los niños y
los adolescentes es que su vivencia de la espera se encuentra cuajada de impaciencia y, muchas veces, finalmente de
frustración. El aprendizaje de que hay que contar con el

---

44   Byung-Chul Han, *La sociedad del cansancio*, Herder, Barcelona,
2012, 32 % de progreso.

tiempo para hacer realidad las ilusiones es una enseñanza que vamos adquiriendo como jóvenes adultos[45].

Porque otra de las motos vendidas, especialmente a mi generación, es la urgencia por triunfar, ser exitoso y alcanzar tus metas siendo joven, pero la verdad es que no pasa nada si llegas a los 30 (pura juventud) y no has escrito tu obra maestra, ni creado tu propia empresa, ni has llegado a ese puesto que querías, ni ganas no sé cuánto al mes. No recuerdo quién decía que «Vivir es estar a tiempo».

A veces un no necesario remolonea a la hora de salir de nuestros labios porque, lo que hay de fondo es un deseo de complacer. Entiendo la preocupación, y es algo muy humano: a nadie le apetece quedar mal. Pero decir que sí solo por el deseo de agradar no forma parte del arte de no llegar a todo, ni contribuye a aumentar la libertad interior. A quien no debes decepcionar es a ti mismo; tu identidad, tu misión: renunciar a brillar para elegir arder.

En momentos en los que regalar un no abruma especialmente, en los que el peligro de la decepción acecha con más fuerza, se corre el riesgo de que pesen más los pendientes que todo lo que en realidad sí hemos hecho. Por eso es clave disfrutar con lo que tenemos entre manos en el momento presente (ver capítulo 7). Etty Hillesum, una

---

45   Ver Miguel Ángel Martí García, *La ilusión*, Ediciones Internacionales Universitarias, Madrid, 2006, pp. 25-26.

judía holandesa que murió en Auschwitz, escribía en su diario el 21 de marzo de 1941:

> «Ahora que cada minuto está lleno de vida, llenísimo de vida y de vivencias, de luchas, de victorias y de derrotas, de más luchas, y tan pocas veces de calma, ya no pienso en el futuro. Eso quiere decir que me da igual si consigo algo maravilloso o no, porque en mi interior tengo la seguridad de que algo se hará. Antes vivía siempre en una fase de preparación, tenía el sentimiento de que todo lo que hacía no era todavía lo "definitivo", sino solo la preparación para otras cosas, algo "grande", algo verdadero. Pero eso ha desaparecido de mí por completo. Ahora vivo, hoy, en el minuto presente, vivo plenamente»[46].

Mirar atrás con agradecimiento y admirarse con lo conseguido también es una buena vacuna contra la desilusión, cuando sentimos que «siempre estamos llegando a destiempo a todas partes», como empieza un poema de Marcela Duque, que, en sus últimos versos, declama:

> «Vivimos a destiempo. Así es la vida.
> No te extrañe, si sientes que no estás

---

46 Etty Hillesum, *Una vida conmocionada. Diario de Etty Hillesum*, Anthropos, Barcelona, 2007, p. 16.

allí donde deberías, que un portento
te está esperando en un lugar lejano,
mientras estás aquí ocupado en tonterías.
Solo puedes estar en un instante,
el que has de bendecir con sus afanes
pues cargan con la imprenta de tu espíritu.
Estás en el lugar preciso si agradeces.
Será lo único que no hagas a destiempo»[47].

Comunicación digital sostenible

No me encantan las redes sociales. No me encanta WhatsApp.

Más bien, me encanta lo que esas aplicaciones me permiten: estar conectada a las personas que quiero, conocer gente nueva, entablar conversaciones con personas de todas partes del mundo, poder difundir mis escritos.

Obviando los motivos lucrativos que puedan tener los dueños de esas compañías, está claro que toda esta —no tan nueva— tecnología ha contribuido a borrar fronteras, difuminar distancias, unirnos. Pero, cuando los lazos se vuelven cadenas, cuando ese uso empieza a agobiarnos, a pesarnos… tal vez hay que redefinir las reglas del juego.

Sobre el tablero se encuentra la reconquista de nuestra libertad interior (que va mano a mano con nuestra paz

---

47 Marcela Duque, *Bello es el riesgo*, Rialp, 2019, pp 18-19.

interior), frente a estas *apps* que con sus notificaciones atrayentes van creando una sensación de *tengoqueitis*, de demandas pendientes de afrontar, de cosas por hacer, información que consumir, etcétera.

Lo que no me gusta de dedicarle tiempo al móvil es el coste de oportunidad: lo que dejas de hacer por tenerlo entre las manos, o lo que deberías estar haciendo (o te gustaría estar haciendo) y no haces por estar *scrolleando* o contestando mensajes. Nos quejamos con frecuencia de que no tenemos tiempo y, de repente, miramos el "tiempo de uso" o "bienestar digital" y... oh, sorpresa, horas y horas de pantalla encendida. Miramos a veces a nuestro trabajo o a nuestros hijos como culpables de no tener tiempo de calidad con nuestro marido / nuestra mujer, pero llega la noche y estamos cada uno en una esquina del sofá con nuestro móvil.

Me parece que Teo Peñarroja acierta plenamente con esto que escribe sobre WhatsApp:

> «Sus vibraciones nos impiden, primero, cultivar un mundo interior —¿qué lectura se puede hacer con el móvil al lado?— y, después, prestar atención a nuestro entorno inmediato. Y he aquí la trampa más diabólica de la cosa: cuando ignoramos nuestra obligación de amar con todo el cuerpo, con toda diligencia, a quien tenemos delante, nos pensamos

grandes amigos por estar chateando con otras cinco o seis personas. Migajas»[48].

Así como se habla de que los límites son necesarios en la educación de los hijos, precisamente para que puedan ir desarrollando su libertad de manera sana, los adultos también necesitamos repensar nuestro uso de los *smartphones* y ponernos unos límites que nos permitan la libertad. Decidir el compás y que no sean las grandes compañías tecnológicas las que nos marquen el ritmo. El documental *The Social Dilemma* (2020) lo explica claramente: las redes y derivados no son meras herramientas inocuas, porque tienen sus dinámicas para atraparte y sus algoritmos para engancharte. Una mera herramienta (unas tijeras, un cuchillo, un cuaderno) no es así, no te llama, no te enreda. El primer paso es reconocerlo, asumirlo y luego tomar nosotros el control para no dejarnos embaucar por sus cantos de sirena.

Es verdad que no es lo mismo estar viendo vídeos sin parar que estar conversando con gente querida, aunque a veces la línea que separa ambos usos es muy fina: uno se mete en la *app* para contestar un mensaje y quince minutos después ya va por su centésimo *reel*.

Responder mensajes es una manera de cuidar a la gente: los mensajes acumulados que nos pueden agobiar

---

48 Teo Peñarroja, «Migajas de amigo», *Nuestro Tiempo*, número 718, diciembre 2023 - marzo 2024.

no son simplemente un *to-do*, detrás hay personas a las que queremos (la mayor parte de las veces, o al menos a las que nos gustaría contestar). Pero hay que encontrar el equilibrio: no puede suceder que, por estar cuidando a los que reclaman nuestra atención *online*, desatendamos a los *offline*. Orden en el amor y amor en el orden. En nuestras relaciones hay prioridades y hay una jerarquía. Si por cuidar a los de lejos dejamos de cuidar a los de cerca, no lo estamos haciendo tan bien, aunque tengamos sensación de «haber cumplido» porque tenemos todos los mensajes contestados. «Estar conectado no es lo mismo que estar vinculado», dice Byung Chul-Han[49].

La ilusión de la inmediatez

Que sea mensajería instantánea quiere decir que puedes mandar el mensaje al instante, no que te tengan que contestar inmediatamente. La comunicación por este tipo de *apps* es, generalmente, asincrónica, no se da de forma simultánea. A veces coinciden en el tiempo receptor y emisor, pero no siempre. Y no es una exigencia.

Además, los mensajes no suelen llegar en un momento en que uno pueda dejar lo que está haciendo y ponerse a contestar. Si estamos trabajando, estamos trabajando; si

---

49 Byung-Chul Han, *Vida contemplativa: Elogio de la inactividad*, Taurus, Madrid, 2023, 43 % de progreso.

estamos con los niños, no estamos desbloqueando el móvil continuamente; etcétera.

No podemos vivir al ritmo de las notificaciones. Los expertos hablan de la era de la distracción. También explican que, cuando algo nos saca de la concentración de una actividad, aunque sea un mensaje breve o consultar algo rápido, recuperar el foco nos lleva unos 30 minutos. Es una barbaridad de tiempo perdido: pérdida de eficiencia en el trabajo, pérdida de conexión con nuestros seres queridos o pérdida de disfrute de un *hobby*. Hace más diez años algunos autores ya contraponían al FOMO (*Fear of Missing Out*) el JOMO (*Joy of Missing Out*, la alegría de perderse cosas), reivindicando la idea de que «no estar presente o "perderse algo" no solo es aceptable, sino que puede convertirse en una fuente de satisfacción y bienestar personal»[50].

Cuidar a la gente vs intentar contentar a todo el mundo

¿Tenemos capacidad, tiempo en el día, energías, fuerza mental para cuidar a este ritmo a la cantidad de gente que se encuentra entre nuestros contactos? ¿Es sostenible?

Estas *herramientas* añaden una sensación de poder abarcar más, pero ¿es así? Aparece, de nuevo, la exigencia de llegar a todo. Pero que nos faciliten la comunicación

---

50 Oliver Serrano León, «JOMO: la alegría de desconectarse en la era digital», *The Conversation*, 17/10/2024.

no quiere decir que nos vuelvan todopoderosos. Además, encierran el riesgo de aumentar exponencialmente el número de personas a las que «tienes que» contestar.

Si en la vida real no podrías atender a decenas de personas a la vez, ¿por qué el imperativo de que en el mundo digital sí? Que, en el fondo, también es vida *real*, por cierto. A veces percibimos que el tiempo se detiene cuando estamos ahí metidos, esa falsa sensación de que podemos abarcar todo, tenerlo todo, hablar con todo el mundo… pero eso es… solo una sensación. Es tiempo real lo que necesitamos para atender a las personas *online* y *offline*, y el tiempo real no es infinito. Hay que usarlo sabiamente.

Si un amigo o un familiar se disgusta o se enfada o piensa mal de ti por tardar en contestar, tal vez haya que tener una conversación (mejor cara a cara, si se puede) para aclarar algunas cosas. Me estoy refiriendo al caso de gente que tarda en contestar sin mala fe, no a personas que hacen *ghosting*. En general, ante un retraso en una respuesta compensa activar el modo «Piensa bien y acertarás», intentar ponerse en la situación del otro (si le conocemos, si sospechamos que puede estar con muchas cosas por trabajo, familia, etcétera) o salvarle la intención como mínimo. A los amigos y seres queridos hay que cuidarlos, pero puede que uno y otro tengáis estándares y expectativas distintas sobre cómo concretar ese *cuidarse*. Ahí es donde resulta importante hablar, para impedir que se enquisten agravios.

Por otra parte, no existe una obligación de estar siempre disponible para todo el mundo. Volvemos al orden de prioridades: no todos los requerimientos que recibimos tienen la misma urgencia, ni la misma importancia. Y esto no es faltar al respeto o cuidar menos a la gente, sino simplemente meter cabeza y ser conscientes de que no llegamos a todo. Con paz. Y donde no podemos fallar es donde no podemos fallar.

No obstante, a veces nuestro deseo de cuidar se mezcla con el de querer contentar. Como me decía mi amiga Fernanda: «En el fondo está esa tendencia a pensar que tenemos que estar disponibles siempre; que somos, de alguna forma, imprescindibles; que nuestra autoestima depende del aprecio de los demás». Pero, como dice el meme: no puedes gustar a todos, no eres un tarro de Nutella.

5.
Contra el mito del superhéroe

La canción «What Was I Made For?» («¿Para qué fui hecha?»), que Billie Eilish y su hermano compusieron para la película *Barbie* (2023), ganó el Óscar ese año. «I used to float, now I just fall down / I used to know but I'm not sure now / What I was made for»[51], dicen los primeros versos. En el videoclip, Billie aparece vestida como una *barbie*, con un pelo rubio impecable y su vestido almidonado. Sentada sola en mitad de un espacio vacío, comienza a sacar vestidos de la famosa muñeca encima de una mesa y a ordenarlos delicadamente. En un momento del vídeo, la tierra tiembla. Al terremoto le siguen ráfagas fuertes de viento que le destrozan el minucioso trabajo a la protagonista. Luego comienza a llover. Pero ella no se rinde, lucha contra los elementos para seguir cumpliendo con lo que se ha propuesto.

---

51   «Solía flotar, ahora solo caigo. / Solía saberlo, pero ahora no estoy segura / de para qué fui hecha» (Traducción de la autora).

Un día estaba viéndolo cuando apareció mi hija Fátima, de tres años. En el momento en el que todo estalla contra Billie, Fátima comentó: «¿Por qué no va dentro de su casa? Yo no quiero ser una chica mayor que juega sola y se moja. ¿Por qué no va con su mamá?».

Mucha sabiduría en su afirmación y sus dos preguntas. Las personas somos vulnerables: fallamos, nos hacen daño, y la vida trae sus tormentas, los días sus obstáculos, pero no tenemos por qué pasar por ello solos. La vulnerabilidad puede ser precisamente el puente que nos vincula con los otros. Como dice el autor francés Tugdual Derville, en las diferentes etapas de la vida —no solo cuando eres pequeño o estás enfermo— existe una dependencia,

> «y esa dependencia que con frecuencia consideramos como un obstáculo porque es causa de nuestro sufrimiento, ¿no es en realidad una característica humana esencial? ¿No está esa interdependencia para unirnos unos a otros, para obligarnos a necesitar de otros, para construir juntos en lugar de permanecer solos?»[52].

Y añade:

---

52 Humanum, Episode 6: Marriage, Culture, & Civil Society
https://youtu.be/EYD-zSw4xt4?si=xjjzBUePXveAh7_e

«La soledad es la mayor causa de sufrimiento en nuestra sociedad, y la cultura de la dependencia, de la vulnerabilidad, funciona en un duro contraste con la cultura de la autonomía que se desarrolla en el individualismo de las sociedades adineradas, y este se acerca a la desesperanza cuando nos volvemos frágiles, débiles»[53].

Pero cuesta abandonar la imagen de *superman* o *superwoman* que podemos tener de nosotros mismos. Y cuesta dejarse ver por los demás, no como la chica de coleta siempre perfecta, sino como la chica empapada que necesita ayuda en medio de la lluvia.

Vulnerables, sí

Asumir que no llegamos a todo es toparnos con nuestros límites y debilidades, y así, de primeras, no resulta fácil ni agradable. En muchos de los casos (¿la mayoría?), cuando digamos que no a una propuesta, un proyecto, un plan, etcétera, será porque, en el fondo, no podemos. Y «no poder» tiene muchas conjugaciones posibles: no puedo porque tengo otros compromisos, no puedo porque si te digo que sí a ti incumpliré compromisos previos, no puedo porque los días tienen 24 horas, no puedo porque estoy agotada.

---

53 Ídem.

«I cry a lot, but I am so productive. It's an art. / You know you're good when you can even do it / with a broken heart»[54]. Taylor Swift estrenó esta canción durante su Eras Tour, la gira en la que recorrió el mundo durante más de año y medio. Algunas personas la han interpretado como un himno a la resiliencia, cómo seguir con tu eficiente vida y cosechando éxitos en medio de una ruptura que te ha dejado devastada. Otras la entienden cuajada de ironía, como una crítica a la imposibilidad (o incapacidad) de parar siquiera para tener tiempo de recomponer un corazón herido.

Dentro del arte de no llegar a todo no solo entran los noes a nuevos proyectos o planes, sino también saber cuándo hay que pausar cosas que ya habías emprendido cuando eso es lo mejor. No se trata de que las circunstancias nos puedan, pero a veces la vida se complica, un virus llega en el peor momento, toca visita a urgencias, recibes una noticia de esas que hacen que todo se tambalee… y también es sabio entonces pedir una prórroga en el *deadline*, o buscar ayuda, o recalcular para poder seguir avanzando, o todo eso a la vez.

Para Zena Hitz, «hay una fragilidad muy esencial en la vida, incontrolable». No es tan sencillo, explica, como

---

54 «Lloro mucho, pero soy muy productiva. Es un arte. / Sabes que eres buena cuando puedes hacerlo / incluso con el corazón roto» (Traducción de la autora).

pensar que si sigues un protocolo muy bien pensado ya no hay margen para el error. El fracaso puede esperar a la vuelta de la esquina. Y añade:

«Sinceramente, pienso que la estructura de una vida es una cuestión de gracia divina: nunca estará del todo bajo tu control, porque la fragilidad es una forma básica de lo que somos. Y, si no crees en la gracia, tienes que pensar que es una cuestión de suerte».

«¿Y si la gracia no llega?», le pregunta el entrevistador.

«La gracia siempre llega. Abrazas lo que ves, haces lo que puedes y todo cuaja»[55].

El perdón que cura

A veces las tormentas no vienen de fuera sino de dentro: en ocasiones somos débiles, nos dejamos llevar por lo que en el fondo no queremos, permitimos que el cansancio y el orgullo sean más fuertes, en definitiva, no amamos como estamos llamados a amar. Tenemos defectos y tomamos malas decisiones. No todos nuestros fallos son

---

55 Teo Peñarroja, «Zena Hitz: "Puede que en las universidades no se piense. Lo encuentro terrorífico, pero sucede"», *Nuestro Tiempo*, número 717, agosto - octubre 2023.

simples errores de cálculo, ni iban todos con buena intención.

Romano Guardini escribe que no hay que huir del mal que hay en uno mismo («de mis malas disposiciones, mis más arraigados hábitos, las culpas que he acumulado»), sino que, más bien, se debe aceptar todo:

> «Esto es lo que soy, esto es lo que he hecho... No hay que decirlo desafiante; eso no es aceptación, sino endurecimiento. Hay que hacerlo en la verdad, porque solo ella nos lleva más allá del mal: soy así; pero quiero llegar a ser de otro modo»[56].

He hablado ya del perdón y el arrepentimiento en el capítulo 2. Ante los fallos y las malas acciones, hay personas que se rigen por la idea de «Yo no me arrepiento, simplemente intento hacerlo mejor la próxima vez». Pero, como apunta Max Scheler en *Arrepentimiento y nuevo nacimiento*, no consiste simplemente en hacer buenos propósitos, porque ¿de dónde obtienes la fuerza para llevarlos a cabo si antes no ha habido una liberación de ese pasado que pesa? Además, Scheler, recordando el viejo dicho de que con los buenos propósitos está empedrado el camino del infierno, explica que cuando, con toda tu buena fe, te propones mejorar sin haber curado previamente las heri-

---

56 Romano Guardini, *Aceptarse a uno mismo*, Rialp, Madrid, 2023, p. 19.

das, las posibilidades de volver a fallar son muy amplias, y la caída es más grande, y eso te puede acabar llevando a la desesperación. Los buenos propósitos pueden servir, pero se necesita un paso previo.

Scheler también habla de la culpa, una palabra que suena fatal y que tiene muy mala prensa. Para este filósofo, la culpa no es un sentimiento, «es aquella cualidad "moralmente mala" que se ha adherido permanentemente a la persona misma, al centro de sus actos, *por* sus actos malos»[57]. Por eso puedes tener sentimiento de culpa sin ninguna justificación, pero también ser culpable y no sentirte apelado por ello. El arrepentimiento «aniquila» la culpa y con ello la raíz de nuevas acciones malas. Es la «gran paradoja del arrepentimiento, que *mira* hacia atrás con una mirada llorosa, pero sin embargo *actúa* alegre y poderoso hacia el futuro»[58].

El arrepentimiento es libertad, no es una losa y no tiene nada que ver con echarse piedras sobre el propio tejado, lamentarse inútilmente, rechazarse a uno mismo y arrastrarse por el suelo. «Arrepentirse significa, ante todo, imprimir a un fragmento de nuestra vida pasada, volvién-

---

57 Max Scheler, *Arrepentimiento y nuevo nacimiento*, Encuentro, 2007, p. 42.

58 Ídem, p. 44.

donos sobre él, un nuevo sentido»[59]: ahí reside la diferencia con el «No mirar hacia atrás y simplemente seguir hacia adelante intentando hacerlo mejor». En ese sentido, el arrepentimiento supone un cambio de raíz, un cambio en un pasado herido que hace posible un futuro libre.

Así logramos que, siendo conscientes de nuestros fallos y nuestras limitaciones, estos no nos despisten de la meta —«What Was I Made For?»—. La vida no consiste en no mojarse bajo la lluvia, sino en caminar al resguardo del sentido.

El cuidado: puente de encuentro

Si no aceptamos nuestra vulnerabilidad, podemos acabar cayendo fácilmente en algo bastante extendido: hacer de la debilidad propia una norma universal en vez de un trampolín para llegar a ser más, para llegar a ser mejor. Ese cierto resentimiento que se mueve con razonamientos como «Creía en el amor para siempre. Yo no lo logré. Así que declaro que el amor para siempre no existe». El ser humano es vulnerable, pero, como escribe Isabel Sánchez:

> «… esta vulnerabilidad, que puede empequeñecerle y como aherrojarle, muchas veces se convierte en gran fuente de realismo, en criterio y jerarquía de

---

59 Ídem, p. 20.

valores, en puerta de apertura al otro, en capacidad de dejarse amar y cuidar, gozándose en el hecho de ser un bien para el otro»[60].

Nuestros errores no nos deslegitiman a la hora de poder hablar sobre lo que creemos ni en el momento de ayudar a quien pueda necesitarnos. Es verdad que los testimonios, la teoría hecha vida, tienen una fuerza enorme, pero esos propios testimonios, si son reales, tienen siempre heridas, dolor o sombras. No somos seres de pura luz.

Hace un tiempo tuve la oportunidad de hablar con Mikel Ostiz en preparación de un reportaje[61]. Mikel, ingeniero y filósofo, impartía una asignatura sobre sociedad e inclusión. En ella intentaba explicar a sus alumnos la finitud y la interdependencia de las personas, todo un reto en una sociedad que sitúa en un pedestal el éxito, la independencia, el control y el brillar. Compartió conmigo unas reflexiones a raíz del testimonio que dio en una de sus clases un padre con un hijo con pluridiscapacidad:

«El ser humano es un ser tan indefenso, tan indigente, que necesita vivir en sociedad. Las personas con discapacidad tienden a sacar de nosotros las

---

60 Isabel Sánchez, *Mujeres brújula en un bosque de retos*, Espasa, Barcelona, 2020, p. 32.

61 Lucía Martínez Alcalde, «El cambio de mirada se aprende», *Nuestro Tiempo*, número 708, noviembre 2020 - enero 2021.

facetas de cuidado y, de esa manera, nos hacen más humanos, porque nos hacen desarrollar lo que necesitamos para sobrevivir: vivir en sociedad y cuidar unos de otros».

Mikel añadía que a veces «el cuidado se ve como algo peyorativo, pero todos necesitamos cuidado en algún momento de nuestra vida. Somos seres necesitados en el día a día». Reconocer nuestra fragilidad nos capacita para acoger la fragilidad ajena y para salir a su paso de la mejor de las maneras.

Rompemos y nos rompemos; herimos y nos hieren; vivimos momentos de enfermedad… y son precisamente estas carencias las que nos llevan a tender puentes unos con otros. Cuando las reconocemos y no intentamos ir de fuertes y controladores nos vuelven capaces de aprender, de comprender, de compadecer —en su sentido original de "sufrir con"—, de acoger, de amar.

No tienes por qué pasar por esto sola, Billie Eilish.

Tratarse bien

«Tu demonio se llama dar la talla. Eres la inacabada. La siempre a medias. [...] Miras la casa y ves el caos. Tus hijos [...] requieren tu atención a cada instante. Por eso te aíslas con tus auriculares y el baño o la terraza se han vuelto respiraderos, bastiones donde te proteges de cada apocalipsis. Es la distancia que hay hasta la mujer que deseas ser el motivo de tu amargura. Una idea inoculada, bien clavada en el cerebro, inamovible. ¿Quién ha plantado el árbol negro de lo imposible en tu corazón? [...] Tú dedícate a vivir, sencillamente. [...] Permítete ser imperfecta, inacabada, perfectamente humana»[62]. Jesús Montiel

Ay, las expectativas, la vulnerabilidad, las fragilidades: cuando estos ingredientes se mezclan, el resultado es altamente inflamable. Nos bloqueamos, no nos aceptamos y acabamos en esta autoexigencia dañina que describe Montiel.

Detrás de esto muchas veces hay heridas personales, el perfeccionismo intentando enmascarar los puntos donde hacemos agua, la imagen que me construyo de mí mismo y que doy a los demás y que puede acabar estando casi en un pedestal, el miedo a defraudar, a perder el control.

¿Defiendo que no tenemos que exigirnos? No. Pero no crecemos ni somos más nosotros mismos cuando peleamos *contra* nuestros límites, sino cuando los aceptamos, los conocemos y los usamos como plataforma desde la

---

62 Jesús Montiel, *Notas a pie de instante - El amén de los árboles*, Pre-Textos, Valencia, 2023, pp. 91-92.

que saltar, no como excusa para justificar una vida *estilo plancton*.

Asumir la imperfección no es caer en una ridícula falsa humildad. Es no estar juzgándonos todo el rato, evaluando nuestro grado de excelencia. Ser más sencillos. Si tropezamos, es porque estamos en marcha. Si nos equivocamos de sendero y nos damos cuenta, es porque tenemos un destino y lo conocemos, y a él dirigimos los pasos. «Ser yo significa tener un camino, el camino que lleva del yo del principio al yo de la culminación»[63], afirma Guardini. Hasta que lleguemos a la meta, nos movemos en el campo de lo inconcluso, hay que contar con eso. Lo grave sería vivir ignorantes de la meta, vagando sin rumbo o dejando que otros decidan nuestro trayecto.

Espejito, espejito

El riesgo de compararnos con otros está muy ligado con el de la mala autoexigencia. No es solo culpa de las redes sociales, la envidia ha existido desde que el primer hombre pisó la tierra, pero es verdad que este escaparate *online* no pone las cosas fáciles.

---

63   Romano Guardini, *Aceptarse a uno mismo*, Rialp, Madrid, 2023, p. 31.

Le escuché a una experta en estos temas comentar que hace unos veinte años, una adolescente podía medirse con modelos y actrices, por supuesto, pero las oportunidades en que esto ocurría eran mucho más acotadas, en cantidad y en frecuencia: la tele, las revistas… Una joven de 2024 pasa siete horas al día con el móvil (o más), donde ve constantemente por diferentes canales, ya no a la actriz de turno o a la modelo espectacular, sino a una cantidad desmedida de chicas de todo el mundo con las que compararse. Es lógico que esto acarree muchas más implicaciones y provoque un reto mayor.

Y no solo a los adolescentes. No somos inmunes por ser adultos. Podemos saber en teoría que la gente no cuenta toda su vida en internet, que no todo es color de rosa. Pero la realidad es que hacemos *scroll* y vemos al que tiene la casa perfectamente ordenada, la que sale a correr todos los días, el que lee un libro a la semana, la que hace manualidades súper *cuquis* con sus hijos y nunca se enfada con ellos… Y es fácil olvidar que son personas distintas, no solo distintas a uno mismo sino distintas entre sí. Ninguna de ellas engloba todas las bondades, así que no deberíamos pensar que eso es a lo que tenemos que tender. Ni a la imagen de perfección ajena ni a la imagen de perfección ajena de todas a la vez.

Hace unos meses, presenté a dos amigas mías que no se conocían entre sí: «Esta es Clare, ella es Beatrice. Clare tiene la voz más preciosa de todo Oxford, y Beatrice escribe unos artículos súper interesantes sobre mujer, maternidad y literatura». En ese momento, presentarlas así, resaltando uno de los talentos de cada una, me salió sin pensar, pero luego, al reflexionarlo, me pareció una idea bonita: subrayar lo bueno de los demás y explicitarlo, decirlo en voz alta. Alegrarnos por esos talentos, incluso ver lo que pueden aportar a nuestra vida y lo que podemos aprender.

Unos días después, mientras escribía estas líneas y buscaba entre mis apuntes de libros y artículos referencias que pudieran enriquecer el texto, comprobé que este modo de presentar a las personas venía inspirado por Mariolina Ceriotti Migliarese:

> «La envidia nace de un sentimiento de exclusión.
> Por eso se combate aprendiendo a valorar siempre
> los dones del otro, y ejercitándose en poner los que
> uno tiene a disposición de los demás»[64].

---

64 Mariolina Ceriotti Migliarese, *Erótica y materna*, Rialp, Madrid, 2018, pp. 125-126.

6.
Huir de la prisa

«Tengo que huir de la prisa», me dije. Y automáticamente me reí por la paradoja: me imaginaba corriendo, con prisa, tratando de dar esquinazo a la prisa. ¿Eso tenía sentido? ¿Sería esa huida el último acto hecho corriendo? ¿Cómo se llegaba así a una dinámica de no-prisa?

Quizá, de esa huida habría que coger no el sentido de ansia sino el sentido de urgencia entendida como «cuestión de vida o muerte». Las prisas nos ahogan, nos matan el presente, nos tiñen de ansiedad el futuro. También, como dice Tomás Melendo, son uno de los principales enemigos de la educación[65]. Del amor en general, ampliaría yo.

El tiempo no es nuestro enemigo. Dejemos de correr, al menos por dentro. A veces, por trabajo, familia, compromisos varios, no es tan fácil quemar la agenda y olvidarse

---

65 Tomás Melendo, *Diez principios y una clave para educar correctamente*, Asociación Edufamilia, Málaga, 2017, pp. 38-39.

del reloj. Pero podemos desterrar la prisa interior, incluso cuando nuestro día a día es una sucesión de eventos en el calendario.

«Lo difícil de vivir es vivir dándonos cuenta», escribe Jesús Montiel[66]. Y con las prisas nos pasa eso, que pasamos sin enterarnos.

La filósofa japonesa Yuriko Saito apunta que «nos falta silencio, ir despacio, no hacer nada. En cambio, hoy día parece que hay que llenar cada momento haciendo algo. Y la verdad es que esto no excluye la posibilidad de realizar las tareas de forma atenta y cuidadosa»[67].

Sin prisas internas, sin tensiones dolorosas, armonizando la cabeza, el corazón y las manos, sin dividirnos ni disiparnos. Yuriko Saito pone el ejemplo de cuando prepara una sopa:

> «Procuro no picar la verdura a todo correr. Presto atención a detalles como el tacto del mango del cuchillo, el sonido de la tabla, la sensación al cortar las zanahorias… Intento poner en juego todos mis sentidos y concentrarme en el ahora»[68].

---

66 Jesús Montiel, *Notas a pie de instante - El amén de los árboles*, Pre-Textos, Valencia, 2023, p. 39.

67 Victoria De Julián, «Yuriko Saito: «La belleza es como un faro, es una luz que hace que la vida merezca la pena», *Nuestro Tiempo*, número 719, abril - julio 2024.

68 Ídem.

Precisamente, una idea parecida relacionada con esas labores del hogar, comenta Zena Hitz, cuando señala que esas tareas como limpiar la casa, cocinar, cuidar las plantas, la carpintería…

«conciernen al cuerpo de un modo neurálgico y te fuerzan a medirte con alguna clase de limitación. Suena paradójico, porque pensamos que la experiencia del límite es dolorosa, pero de hecho resulta un alivio. [...] Además, esa clase de actividades manuales son útiles y producen cosas buenas. La comida, la belleza, las verduras y las flores, una silla o una mesa bien hechas son un servicio a los demás. Creo que por eso resulta tan satisfactorio»[69].

Disfrutar de los tiempos

En esas prisas en las que a veces se viven los días, se etiqueta como lento lo que no nos sigue el ritmo. Pero quizá es que estamos yendo demasiado rápido. Besmaya, un dúo compuesto por dos jóvenes que cantan a su generación[70], critica el vivir acelerados en su tema *Gas*:

69 Teo Peñarroja, «Zena Hitz: «Puede que en las universidades no se piense. Lo encuentro terrorífico, pero sucede»», *Nuestro Tiempo*, número 717, agosto - octubre 2023.

70 Ver Alberto Bonilla, «Besmaya: himnos para una generación», *Nuestro Tiempo*, número 720, agosto 2024.

«Gas,
ahora que tú solo pisas, gas,
y llevas tanto tiempo yendo detrás
de la gente que te dice
deja que organice
dónde y cuándo tienes que estar.
Te convence tu perfecto plan
de calendario y es de ley marcial
que no para de pedirte que lo normalices
que sigas pisando».

Por eso, a reducir marchas, ayuda disfrutar con los tiempos de la naturaleza, con sus ciclos. Ya le explica el diablo a su sobrino, en la obra de C. S. Lewis, cómo el Enemigo (como los diablos llaman a Dios) ha contrapesado en los seres humanos el amor al cambio con su amor a lo permanente, uniendo ambas tendencias en el ritmo:

«Les da las estaciones, cada una diferente pero cada año las mismas, de tal forma que la primavera resulta siempre una novedad y al mismo tiempo la repetición de un tema inmemorial»[71].

Pero siento que la aceleración nos lleva a dejar de apreciar los ritmos. Debemos reaprender a disfrutar del otoño

---

71 C. S. Lewis, *Cartas del diablo a su sobrino*, Rialp, Madrid, 2013, p. 114.

sin anclarnos en el lamento por las vacaciones ya pasadas y sin obsesionarnos aún por las que vendrán.

Las preocupaciones por el futuro (el más inmediato o el más lejano) también nos propulsan a veces a un estado de trepidación. Pero las preocupaciones por los días venideros son completamente estériles, como escribe Etty Hillesum, minan las fuerzas y no sirven para nada porque, al final, llega el día siguiente y las cosas suceden de manera distinta. La joven holandesa subraya en su diario que esas inquietudes hay que combatirlas como a las pulgas, todos los días; y añade:

> «Las cosas que se tienen que hacer, hay que hacerlas, y, por lo demás, no hay que dejarse afectar por los muchos pequeños temores y preocupaciones que no son sino una señal de desconfianza hacia Dios. Todo se arreglará [...]. Ésta es, en realidad, nuestra única tarea moral: explotar en nosotros mismos grandes superficies de tranquilidad, cada vez de más tranquilidad para que uno pueda irradiar esa tranquilidad a su vez a los demás»[72].

Me pregunto si las prisas no son una forma más de consumismo. Avaros de tiempo, vamos derrapando por la vida

---

72 Etty Hillesum, *Una vida conmocionada. Diario de Etty Hillesum*, Anthropos, Barcelona, 2007, p. 185.

como queriendo ganar la carrera de poseerlo todo, lo más nuevo y antes que nadie. Siempre con la vista más allá y sin espacio para disfrutar lo que tenemos en las manos, porque, en el momento en que lo hemos adquirido (sea un objeto, sea el tiempo mismo) parece que ya dejamos de desearlo, de apreciarlo. Y necesitamos fijar la mirada en el siguiente objetivo. Las tiendas nos empujan a ello. En agosto venden la decoración de Halloween y en septiembre la de Navidad.

También contribuye a bajar revoluciones disfrutar de los tiempos de los niños. Como dice mi amiga Sole: «Los hijos son una escuela de antropología», y podemos aprender mucho de ellos y con ellos. De sus preguntas sobre quién ha hecho el arcoíris, si alguna vez se puede acabar la voz de las personas, si el día de la boda ya sabíamos sus nombres o cómo vienen los niños. De sus intuiciones, de su imaginación desbordante. De su poco afán por controlar el tiempo. De cuando lo que ha sucedido por la mañana les parece que sucedió ayer o la anterior semana... ¿no nos pasa parecido a los mayores cuando hemos tenido una jornada llena de cosas buenas? Esa sensación de haber metido mucha vida en el día.

Asimismo, huimos de la prisa al disfrutar con nuestros propios procesos. Nos cuesta aceptar lo que no brilla en nosotros (o lo que no arde, siguiendo la idea que comentábamos capítulos atrás). Emprendemos hoy algo y queremos resultados antes de ayer. Tal vez aventurarnos a un nuevo *hobby* es un buen entrenamiento: a pesar de que los vídeos de Instagram nos muestren un proceso a cámara rápida en el que todo parece fácil y el resultado es maravilloso, necesitamos saborear que en nuestra vida no va a ser así a la primera.

Usamos con frecuencia frases hechas que hablan de un tiempo que vuela, que se escurre entre las manos, etcétera. La propia expresión «Aprovechar el tiempo» me lleva a imaginar a alguien rebañando con avidez un plato de una comida rica, a la vez que mira por el rabillo del ojo temiendo que alguien venga a robarle las últimas migas. Tiene su sentido: el tiempo es uno de esos bienes limitados, como ya hemos comentado. Pero la prisa nos inocula la sensación de que estamos en lucha contra el tiempo, y lo convertimos en un enemigo, más que en el escenario donde podemos desplegar las alas. Juan Ramón Jiménez propone otra forma de vivirlo en estos versos:

«Si vas de prisa,
el tiempo volará ante ti, como una
mariposilla esquiva.
Si vas despacio,
el tiempo irá detrás de ti,
como un buey manso»[73].

---

73 Juan Ramón Jiménez, *Eternidades*, Editorial Losada, Buenos Aires, 1957, p. 126.

Como una lenteja entre algodones

Siempre había entendido la paciencia como aguante, resistencia, apretar puños y dientes, rostro tenso, sonrisa tirante, y que pase pronto el chaparrón. O peor aún: como un dique que se va llenando hasta que no hay muros en la tierra capaces de parar la tromba de agua. Y ojo cuando se desborde.

Pero, de pronto, un día, pensé: si «El amor es paciente» aparece lo primero en el himno a la caridad de san Pablo, será por algo. La palabra en griego para *paciencia* es *makrothimia*, que significa 'ánimo grande, alma grande'. Así, las características que tendría el magnánimo, el paciente, serían la mansedumbre, la calma, la generosidad, la nobleza[74].

Hace tiempo vi por internet un meme que decía: «Si quieres saber cómo es alguien de paciente, observa cómo se comporta cuando su internet va lento». O en un atasco. En una sociedad en la que existe un botón de x1.5 para reproducir pódcast o un mensaje de audio (¿nos estaremos desacostumbrando a escuchar?); en la que puedes comprar, pedir comida o mandar dinero con un solo clic, ¿dónde está ese niño nuestro que colocaba judías o lentejas entre algodones húmedos como experimento de Cien-

---

74 Ver Fabio Rosini, *Solo el amor crea*, Rialp, Madrid, 2018, pp. 185-186.

cias en el cole y veía con emoción día a día los pequeños avances de su plantita?

Las personas nos parecemos más a esa legumbre que a una compra en Amazon. No tenemos un botón de reiniciar si no funcionamos, ni podemos pulsar Ctrl+Z cuando hacemos algo mal o nos equivocamos. Nuestros procesos son lentos. Necesitamos toda una vida para ser lo que somos. Por eso requerimos paciencia.

Los niños aprenden a una velocidad increíble, cada día una cosa nueva que te lleva a maravillarte: ¿Cómo ha llegado este gesto a formarse? ¿En qué momento ha aprendido a ponerse de pie solita? ¿Cómo sabe señalar personas y objetos cuando se los nombras? Pero incluso en ellos, *aprendedores* rápidos por excelencia, se nos puede hacer lento su proceso deseando que quemen etapas y sean más autónomos, o menos torpes, o madure su cerebro y así librarnos de las rabietas cuanto antes... Nos olvidamos de que todos hemos pasado por ahí, como nos hemos olvidado de lo que duele que salgan los primeros dientes.

La paciencia con los demás

Cuando nos impacientamos, olvidamos la paciencia que han tenido y tienen otros con nosotros. Nuestros padres, nuestros amigos, nuestro novio o cónyuge. Y muchas veces exigimos incluso lo que no estamos dispuestos a dar. Valoramos que usen con nosotros el «Piensa bien y acertarás» pero si alguien hace algo que nos contraría, nos roza, nos rompe los esquemas y el ritmo, no lo encajamos bien. Ante la vulnerabilidad —propia y ajena— necesitamos, además de ternura, paciencia.

Cuando ponemos en juego el amor que da (*agapé*), las exigencias egoístas desaparecen —o se suavizan, al menos—. Tal vez porque al dar y darnos nos percatamos de que nosotros mismos somos también incapaces de colmar la felicidad del otro. Nos situamos en esa mirada comprensiva, de un amor más real, que no huye ante lo que le raspa o le contraría, y que agradece, también con la vida, que la otra persona tampoco salga corriendo ante sus pequeñeces.

«Construir el amor implica paciencia»[75], dice Fabio Rosini en *Solo el amor crea*. Porque el amor no entra dentro de la lógica del utilitarismo ni de la eficacia. Y cita a Chiara Corbella: «Lo importante en la vida no es hacer algo, sino nacer y dejarse amar». Frase que siempre me ha recordado a Gabriel, el pequeñín de mis amigos Mercedes y Sergi, que vivió poco más de un mes. En el velatorio, sus padres señalaban exactamente eso, que en sus semanas de vida ya había hecho lo más importante y lo había enseñado a todos aquellos que habíamos podido conocerle: dejarse amar.

---

75 Fabio Rosini, *Solo el amor crea*, Rialp, Madrid, 2018, p. 203.

Rosini también dice que en la paciencia está la «capacidad de darle al otro el tiempo, el espacio, la posibilidad». Por su parte, Enrique García-Máiquez le regala un nuevo brillo a la palabra «soportar»[76]: ante los defectos de los otros, sus pequeñeces, su vulnerabilidad, soportar «implica llevar con paciencia, que es una de las virtudes cardinales, nada menos, y es un ingrediente de todo amor de largo alcance», pero, a la vez, es «dar apoyo, sostener, elevar».

Además de recordar la paciencia que otros han tenido con nosotros, no podemos olvidar tener paciencia con nosotros mismos en primer lugar. Paciencia y ternura ante nuestras fragilidades. Como nos miramos a nosotros, así miramos a los demás. Todos hemos sufrido en algún momento la exigencia fría y voluntarista de alguien que se estaba autoexigiendo de un modo frío y voluntarista.

Para la convivencia en general y creo que para la paciencia con los otros en particular, hay una distinción, propuesta por Tomás Melendo, que me parece clave: no son lo mismo las diferencias (hay que aceptar y promover que cada quien es único e irrepetible, y que existen numerosas costumbres y maneras de ser), las limitaciones (debemos asumir y respetar que no a todo el mundo se le dan bien las mismas cosas) y los defectos (lo que hace daño a la propia persona y a quienes la rodean; en tal caso, Melendo

---

76 Enrique García-Máiquez, «Una hermosa palabra», *Diario de Cádiz*, 01/11/2017. Consultado *online*.

recuerda que la persona debe ser siempre amada de manera incondicional, con los defectos incluidos, y desde esta incondicionalidad se puede ayudar a superarlos)[77]. En ocasiones podemos meter los tres aspectos en el mismo saco, y enfrentarnos a ellos de la misma manera, pero cada uno es diferente y exige un acercamiento ídem.

Cómo ser paciente cuando no tienes todo el tiempo del mundo

Fabio Rosini explica que Dios puede ser paciente porque tiene todo el tiempo del mundo, es eterno, y, claro, precisamente nuestra impaciencia brota muchas veces de que nuestro tiempo es un bien escaso[78]. Pero añade que «somos pacientes con el prójimo cuando tenemos muy presente cuánto nos ha perdonado Dios, toda la paciencia que ha ejercitado con nosotros».

Codiciosos de instantes que intentamos acumular, muchas veces sufriendo por lo que ya ha pasado y por lo que vendrá, vemos la vida como una lucha contra el tiempo, pero el tiempo es un aliado[79].

---

77 Tomás Melendo, *Diez principios y una clave para educar correctamente*, Asociación Edufamilia, Valencia, 2017, pp. 131-154.

78 Ver Fabio Rosini, *Solo el amor crea*, Rialp, Madrid, 2018, pp. 185-186.

79 María Álvarez de las Asturias, Lucía Martínez Alcalde, *Más que juntos. Cómo disfrutar del matrimonio desde el «sí, quiero»*, Palabra, Ma-

Jacques Philippe lo desarrolla de este modo:

«Existe la posibilidad de entender trágicamente el carácter fugaz del momento actual o el hecho de que ni el pasado ni el futuro nos pertenezcan. Pero, desde la perspectiva de la fe y la esperanza cristianas, el instante presente se revela ante nosotros como un tesoro de gracia y de inmenso consuelo. [...]
En lugar de proyectarnos constantemente sobre el pasado o el futuro, deberíamos aprender a vivir cada momento como suficiente en sí mismo, como plenitud de existencia, porque en él está Dios; y, si Dios está en él, no nos falta nada. Nuestra sensación de vacío o frustración, esa impresión de que carecemos de esto o aquello, proviene a menudo del hecho de vivir en el pasado (entre lamentos y decepciones) o en el futuro (cargados de temores o vanas esperanzas), en lugar de habitar cada segundo acogiéndolo tal como es, es decir, lleno de una presencia de Dios que —si nos unimos a ella con fe— nos fortalece y sostiene»[80].

Así se entiende su posterior afirmación:
«Vivir el instante presente ensancha el corazón»[81].

---

drid, 2024, p. 105.

80 Jacques Philippe, *La libertad interior*, Rialp, Madrid, 2008, pp. 90-91.
81 Ídem, p. 92.

Fijar la mirada y el corazón

No busques en Google.
Espera.
Mira.

Esto me dije a mí misma cuando, hace unos meses, compré en el supermercado un ramillete de fresias. Eran solo los capullos y no tenía ni idea de cómo era su flor. Mi primer impulso fue ir a preguntarle a Google.

Pero algo me frenó.
No lo hagas.

Para qué buscar en Google pudiendo dejarte sorprender en vivo y en directo por las flores mismas. Por qué adelantar eso. Qué te va a aportar verlas en foto antes que en la realidad. Por qué estas prisas por acelerar los tiempos de la naturaleza. Conseguí contener el primer impulso y me dejé sorprender. Y las fresias amarillas llenaron de luz nuestro salón durante días, recordándome, coquetas, que es bueno parar, contemplar, que no debemos saberlo todo, que el amor precisa tiempo para crecer y, la belleza, para crecer y para ser contemplada.

Lento o rápido son categorías relativas. ¿Lento según qué? ¿Un árbol crece lento? ¿Y un niño? La abuela materna de Pablo solía decir que hay tres cosas que nunca te cansas de mirar: el mar, el fuego y el rostro de un bebé.

«No tenemos *paciencia para una espera* en la que algo pueda madurar lentamente. [...] No tenemos acceso a la realidad, que solo se revela a una atención contemplativa»[82].

Sin la capacidad de mirar a la realidad, de conocerla, no podremos construir sobre ella. La mirada contemplativa nos libera al anclarnos en la verdad de las cosas. Contemplar, explica el psiquiatra Fernando Sarráis, es una tarea de los sentidos externos pero también internos (la memoria y la imaginación) y propone algunas ideas:

«Contemplar es recrearse, saborear, fijarse, meterse en el objeto contemplado o dejarse llevar emocionalmente por él. Ver jugar a los niños o a los hijos; mirar, estar o hablar con una persona querida; ver un bello paisaje; oír y ver el movimiento del mar; escuchar una música agradable; sentir el contacto de un tejido suave; recordar una conversación agra-

---

82   Byung-Chul Han, *Vida contemplativa: Elogio de la inactividad*, Taurus, Madrid, 2023, 12 % de progreso.

dable o el cariño de un ser querido; saborear un buen vino; admirar una obra de arte…»[83].

En 2024, el *New York Times* realizó el siguiente experimento[84]: pidió a sus lectores que pasaran diez minutos mirando un cuadro, sin ningún tipo de distracción. Decenas de miles de personas participaron. Solo el 25 % consiguió superar el reto. Más de siete mil lectores compartieron sus impresiones tras la experiencia: *extraña*, *abrumadora*, *desconcertante* fueron algunos de los adjetivos que usaban para definirla. Pero también muchos confesaban cómo pasados los primeros minutos de desconcierto e incluso cierto aburrimiento, llegaron a un punto de serenidad y disfrute. «Debería empezar todos los días así», decía una de las participantes. «Me resultó agradable parar y contemplar algo, en lugar del habitual *scrollear* sin pensar», afirmaba otro.

Desde mucho antes de ser madre, recuerdo haber escuchado que es muy sano que los niños tengan momentos de aburrimiento, que de ahí surge la creatividad. Y añadiría que también la contemplación puede brotar si le hacemos hueco. No se propicia esto demasiado cuando llenamos

---

83 Fernando Sarráis. *Aprendiendo a vivir el descanso*, EUNSA, Pamplona, 2011, p. 116.

84 Larry Buchanan y Francesca Paris, «'Weird and Daunting': 7,000 Readers Told Us How It Felt to Focus», *The New York Times*, 01/08/2024. Consultado *online*.

sus agendas como si fueran primeros ministros, con extraescolares variadas y exóticas, y una vida social de infarto. Un horario apretado tampoco es lo mejor para una vida sin prisas. Por otra parte, el derecho al aburrimiento no es exclusivo de los más pequeños. Byung Chul-Han lo reivindica en *La sociedad del cansancio* y lo relaciona asimismo con la creatividad: «La pura agitación no genera nada nuevo. Reproduce y acelera lo ya existente»[85].

Hay una fecundidad oculta en la contemplación.

---

85   Byung-Chul Han, *La sociedad del cansancio*, Herder, Barcelona, 2012, 37 % de progreso.

7.
Dejarse llevar

«Me recuerdas a Copenhague», me dijo una vez una amiga en la universidad.

No se refería a la ciudad, sino a la canción de Vetusta Morla. Escuché la letra y no me sentí identificada con el «Dejarse llevar suena demasiado bien», que medio mundo ponía en sus estados de Facebook. Mis agendas ya echaban humo por aquellos años. Mi cabeza borboteaba ideas, proyectos, planes… No había espacio para «dejarse llevar». «Dejarse llevar» también me sonaba a poca personalidad, y yo, que venía de años de adolescencia a contracorriente, no compraba esa idea.

Ahora creo que sí. Que dejarse llevar suena demasiado bien. Y que es algo que hay que hacer ante determinadas situaciones. Rumiando estos recuerdos, intenté vivir un verano de la siguiente manera:

› No mirar el calendario.

› Dejarse llevar por los planes que surgen y por los contratiempos de los planes organizados.

› Abrirse a la sorpresa («La sorpresa. Hay que esperarla siempre. Si no lo haces, no la reconocerás cuando llegue»[86]).

› Estar disponibles para los demás.

› Renunciar al deseo de control absoluto.

› Ajustar las expectativas y aprender a ilusionarse sin decepciones si algo no sale como se ha pensado.

Vivir sin reloj y sin agenda es más posible en el período estival que durante el resto del año, pero quizá las vacaciones están para eso: para hacer unas prácticas de un *dejarse llevar* que luego se pueda incluir, aunque sea a petachos, en el día a día y en la bendita rutina. Dejarse llevar por la petición de una amiga. Por una conversación con un hermano a altas horas. Por unos «Mamá, mamá, mira esto». Por escuchar sin consultar el móvil. Por un buen abrazo. Por un buen libro.

En *El arte de la vida sana*, Fabio Rosini habla de las estrategias erróneas que a veces empleamos para intentar paliar nuestros malestares vitales y llama —con ironía— a la *planificación* el «gran terapeuta existencial»:

«En la universidad me va fatal, pero ahora voy a hacerme un programita que incluye horarios tra-

---

86 Alfonso Paredes, *El señor Marbury*, Homo Legens, Madrid, 2020, p. 118.

penses, tenacidad de un perro moloso y apretarme los machos. Y ya me siento mejor, porque a partir de mañana haré 40 páginas de ejercicios de estequiometría y te las voy a enseñar. Como empiezo mañana, esta noche saldré a divertirme un rato…»[87].

Y, unos párrafos más adelante, habla de los costes de nuestros proyectos, cuando:

«… nos hacen cerrarnos frente a los hechos, frente a los demás y frente a la realidad, que ya no aceptamos como lo que es, sino como búsqueda que nos confirme nuestros pensamientos. Y si la realidad contradice mis planes, es ella la que está equivocada. Y yo, esclavizado por mis expectativas, pierdo la paz, la sinceridad, la humildad, la capacidad de acoger, y por mis proyectos no me doy cuenta de que estoy arruinando mi vida, mis relaciones, mi equilibrio, mi capacidad de crecer, de dejarme evolucionar, de aprender a estar donde la vida me coloca. Despilfarro la sencillez de ser yo mismo, sacrificado en nombre de un títere de mi imaginación»[88].

Claro que se puede planificar, pero la planificación no puede ser un andamio, ni una muleta, ni algo que nos

---

87 Fabio Rosini, *El arte de la vida sana*, Paulinas, Madrid, 2023, pp. 95-96.
88 Ídem, p. 103.

haga perder el contacto con la realidad, ni la prioridad número uno por delante de las personas. Que Google Calendar ocupe el lugar que le corresponde.

Un sano *dejarse llevar* cada día es posible, incluso en una vida con horarios, incluso en el caos caótico con tendencia al orden que algunos somos. Cada uno puede adaptarlo a sus circunstancias variadas: ¿en qué momentos hay que darle al *play* a la canción de Vetusta Morla?

¿La vida es un baile?

Leí hace tiempo un artículo que decía que la vida debería ser un baile, porque cuando bailas lo haces por el mero gusto de bailar, no por llegar a ningún lado, que la meta no es importante sino disfrutar de cada paso.

No creo que la vida sea un baile en el sentido de que su único propósito consista en disfrutar. ¿Realmente no importa la meta? ¿Y por qué contraponer el disfrutar con que haya un destino, un objetivo? ¿No pueden complementarse estas dos actitudes?

Dar importancia al camino y negar el fin, además de tener riesgos, carece de sentido. ¿Para qué quieres un camino si no lleva a ninguna parte? ¿Por qué seguir adelante y esforzarte si no importa la meta? Nadie emprende un camino por vagar, y si lo hacen son vagabundos, no caminantes. Es una actitud que puedes tomar ante la vida, pero ¿es la que te va a dar más felicidad? Si quitas el porqué y el para qué y te quedas con el cómo, acaba siendo todo un «hacer por hacer, solo pa' deshacer», que cantaría Miguel Bosé.

El fin, el sentido es lo que empuja a seguir, no solo en los momentos de tormenta sino también en las situaciones cotidianas, ayudando a sacar el jugo a cada instante. Entiendo que el simple disfrutar del hoy sin mirar más allá es el asidero que le queda a quien no tiene un sentido trascendente de la vida y por eso debe agarrarse a lo único a su alcance: el presente desnudo. Pero el presente que defiendo que hay que vivir y exprimir no es un presente mendigo, sino un presente preñado de sentido y significado.

Es el presente de lo que llamo «el *carpe diem* de Unamuno»: «Vive al día, en las olas del tiempo, pero asentado sobre tu roca viva en el mar de la eternidad. Al día en la eternidad»[89]. Porque la realidad es que si solo tienes «olas del tiempo»… te ahogas.

Explicaba un profesor de baile —con el que aprendí lo poco que sé de salsa— que no había que seguir una estructura rígida, que bastaba con tener unas líneas generales bien claras, y de ahí ir combinando, siguiendo el ritmo de la música y coordinarse con la pareja. Él no quería que los aspirantes a bailarines aprendiéramos figuras ya precoci-

---

89 Carta de Miguel de Unamuno, titulada «Adentro», citada en Federico Delclaux, *El silencio creador*, Rialp, Madrid, 2018, p. 23.

nadas y que las repitiéramos como monos de imitación, sino enseñar los básicos que nos permitirían después —poniendo práctica, corazón y cabeza— bailar con un abanico bien amplio de combinaciones posibles. En la vida como baile así entendida sí que creo.

La espontaneidad en el amor

Los consejos de mi profesor de salsa también pueden servir para contrarrestar la mentalidad de que en el amor hay que «dejar fluir»: el baile es un encuentro, y para que se produzca el encuentro en vez de un choque, los bailarines que forman una pareja deben ser dóciles, para saber qué es lo que el otro quiere, y para saber cuándo toca dejarse llevar. Un *dejarse llevar* que no es inercia desordenada, sino seguir un ritmo y contar con el otro siempre. Nos insistía en que hay que conocerse y compenetrarse en el balanceo para saber cuándo tiene el otro el peso dónde. Y conforme a eso saber cuál es el siguiente paso. Ser expertos el uno en el otro para construir el amor.

La espontaneidad en las relaciones está sobrevalorada. El amor de verdad a veces es espontáneo, pero amar a alguien incondicionalmente no fluye siempre ni sale solo. De ahí la importancia de la comunicación y de aprender a expresar nuestros sentimientos, deseos, expectativas:

«Puede ocurrir que uno de los miembros de la pareja espere que el otro descubra lo que le ocurre sin expresarlo con palabras, y suponga en su pareja una especie de ciencia infusa que le haga adivinar lo que siente: "Así debe ser, si de verdad me ama…". Esta ocultación y ese deseo de que el otro sepa lo que preciso son muy dañinos en una relación de pareja, además de una señal de que no existe confianza. Lo ideal sería mostrar los sentimientos y necesidades con palabras sencillas: "Te necesito, dependo de ti, de tu alegría… Siento comportarme como un crío… En realidad, necesito tu ayuda". Por supuesto, expresarse de esta manera requiere un acto de humildad y este es el auténtico reto del amor, del verdadero amor»[90].

Resulta infructuoso y no conduce a nada quedarse con un sentimiento de insatisfacción cuando a la otra persona no se le ha ocurrido espontáneamente un gesto de cariño, un regalo o un detalle. Lo que hay de fondo (al menos parte) es un analfabetismo afectivo que piensa que el amor más auténtico es el que sale sin esfuerzo, con una espontaneidad primaria.

---

90 Alfred Sonnenfeld, *Armonía. La sorprendente comunicación en la pareja*, Rialp, Madrid, 2020, p. 31.

Por otra parte, como afirma también Sonnenfeld, a quien no le salga nunca de forma espontánea tener detalles de amor deberá entrenarse. No valen las excusas, es «la educación del amor, un amor voluntarioso, decidido».

Tampoco se trata de que todo en esta vida sea esfuerzo y que solo valoremos cuando haya sudor y lágrimas y dejemos de apreciar los gestos de amor del otro porque «como total, le salen solos, no tiene mérito».

«No todo lo que es más difícil es más meritorio», escribió Tomás de Aquino. Y, en otro lugar: «Si la caridad fuera tan completa que suprimiese en absoluto la dificultad, sería entonces más meritoria»[91]. Por eso la virtud no es «el más difícil todavía». Tampoco consiste simplemente en que un comportamiento sea más sencillo por haberlo convertido en un hábito, sino que, además, nos empuja a esos actos buenos, consigue mover nuestro corazón hacia lo realmente bueno y verdadero.

Tim Gautreaux, en su novela titulada —precisamente— *El paso siguiente en el baile*, escribe, sobre un personaje:

«… supo que iba a hacer algo importante, aunque no sabía qué. Pero lo sentía acercarse…, y lo sentía del mismo modo en que se reconoce el paso

---

91 Tomás de Aquino, *S. Th*. II-II, q.27, a. 8, ad 3 y *Sobre la caridad*, 8, ad 17, citado en Juan Ramón García-Morato, *Aprender a querer, saber vivir*, EUNSA, Pamplona, 2009, p. 248.

siguiente que se acerca en un baile y la música que te impulsa hacia ese movimiento inevitable [...]. En ese instante supo que lo amaba. Se lo reveló el hecho de que sabía qué hacer»[92].

«La virtud convierte el obrar bien en un obrar connatural, y un obrar connatural es un obrar pronto, fácil, gustoso y constante»[93], explica el filósofo Alfredo Cruz. Es el secreto de una vida auténtica y de un amor que conjuga el nosotros.

Ser o no ser espontáneos

En ocasiones, la espontaneidad no se entiende bien. En general se sitúa en un pedestal como una cualidad deseable de las personas, algo que apreciamos encontrar en el otro, que nos resulta atractivo. Pensamos en lo contrario de espontáneo y nos produce repelús: postizo, hipócrita, legalista, rígido, "con poca cintura".

Otras veces se mira con cierta desconfianza. Como si fuera el fruto de una personalidad aún no madura, porque nos imaginamos que un hombre hecho y derecho debe llevar siempre la mandíbula un poco apretada y el último

---

92 Tim Gautreaux, *El paso siguiente en el baile*, La Huerta Grande, Salamanca, 2023, pp. 397-398.

93 Alfredo Cruz, *El sentido de la moral*, EUNSA, Pamplona, 2022, p. 138.

botón de la camisa abrochado. Como si la espontaneidad fuera algo para una época, para un momento concreto: los tiernos años de la infancia y la locura de la adolescencia. Ambas miradas sobre la espontaneidad confunden la espontaneidad verdadera con sendas caricaturas.

Hay dos tipos de espontaneidad. Lo explica así García-Morato[94]: la espontaneidad primaria (que se deja llevar por las tendencias) y la madura («la espontaneidad de la sencillez y la transparencia, la que se da en las personas que hacen lo que dicen y dicen lo que piensan, esas personas que son verdad y la muestran con sus vidas»[95]).

No consiste en encorsetarse sino en ir construyendo esa espontaneidad madura, partiendo cada uno de cómo somos. Sin olvidar que somos más lo que queremos, lo que amamos, que lo que "nos apetece" o "nos brota" en diferentes momentos del día.

En la pista de baile, un compañero tieso, mecánico, que ejecute movimientos perfectos técnicamente pero con la rigidez de un robot y sin tener en cuenta a su pareja… no es un buen bailarín. Por otro lado, un motivado espontáneo que simplemente se deja llevar por la música y opta por una actitud de «yo me invento mi propio bai-

---

94 Juan Ramón García-Morato, *Aprender a querer, saber vivir*, EUNSA, Pamplona, 2009, p. 106

95 Ídem, p. 318.

le», podría resultar divertido —para un rato, al menos—, sorprendente, curioso, pero con él sería imposible bailar, acabaría siempre solo. Resulta complicado tratar con una persona de la que no sabes por dónde va a salir en cada momento, con la que no sabes nunca con seguridad si puedes contar 100 %, alguien que antepone su libertad de movimientos y su original baile a todo lo demás.

Es cierto que, cuando empiezas a aprender a bailar, puedes parecer aún un poco como C-3PO de *Star Wars*, inseguro, pisas a tu acompañante, necesitas referencias y ejemplos a los que mirar, aunque sea de reojo. Pero con práctica, bailando y bailando, los movimientos se vuelven ágiles, equilibras la pasión del arte con las líneas generales de la danza, improvisas sobre una base firme que no pone obstáculos a los bailes de los demás —más bien todo lo contrario— y disfrutas del proceso y del resultado.

Aunque también el *ser auténtico* se ha utilizado a veces para describir a individuos excéntricos, la verdadera espontaneidad es autenticidad. La autenticidad tiene que ver con cómo miramos y conocemos el mundo y actuamos en consecuencia, y también con cómo nos conocemos a nosotros mismos y vamos creciendo y construyéndonos. Al entenderla como virtud vemos que no es una condición previa, sino una tarea para toda la vida, una misión emocionante.

La metáfora danzarina me recuerda a otra que usaba Alfredo Cruz, en sus clases de Filosofía Política, cuando nos explicaba que la virtud se adquiere realizando los mismos actos para los cuales la virtud nos habilita (nos hacemos justos haciendo lo justo) y nos ponía el ejemplo de los flautistas, que se vuelven flautistas tocando la flauta: el primer *hacer* no es igual al último *hacer*. El primer tocar la flauta por el que aprendemos a tocar la flauta no es igual que el tocar la flauta después de haber aprendido[96].

Se llama precisamente a un músico *virtuoso* cuando destaca por su talento, cuando parece que interpreta sin despeinarse, disfrutamos de su actuación y percibimos como si sus dedos se deslizaran por las cuerdas o las teclas sin esfuerzo. Pero, en realidad, esa aparente facilidad con la que se mueven sus manos por el instrumento es fruto de años de práctica. En el ámbito de la acción humana, «el obrar perfectamente libre es el obrar que es espontáneo con la espontaneidad que procede de la virtud»[97].

---

96 Una explicación de esta enseñanza se encuentra también en su libro *El sentido de la moral* (EUNSA, Pamplona, 2022), en la página 158: «Para adquirir una virtud, como para adquirir un arte o una habilidad, tenemos que empezar por hacer lo mismo que queremos aprender a hacer: es decir, que queremos llegar a hacer excelentemente. La acción de la que procede la virtud o el arte –el saber hacer– no es igual que la acción que procede de la virtud o el arte ya adquiridas. Por esto, la virtud y el arte tienen valor, pues perfeccionan la capacidad previa y, en consecuencia, la acción misma».

97 Alfredo Cruz, *El sentido de la moral*, EUNSA, Pamplona, 2022, p. 143.

La alegría es regalo y es construir

La alegría en ocasiones se confunde con la espontaneidad primaria de la que hablaba antes. Y es cierto que algunas personas pueden ser naturalmente más alegres, pero la alegría no es un lujo exclusivo para quien la trae de serie. Es para cualquiera.

También se suele equiparar a la ligereza de una vida sin preocupaciones, y entonces pensamos que solo podremos estar alegres cuando todo vaya bien, cuando nuestros deseos se cumplan, cuando no nos falte nada, cuando las piezas al completo encajen… Es decir… una utopía. La alegría proporciona sensación de ligereza, pero su liviandad no es la de una hoja de otoño arrastrada por el viento, sino más bien la de los pies de los bailarines que parecen flotar sobre la pista.

«Hazles comprender que no tienen en el mundo otro deber que la alegría». Paul Claudel puede afirmar esto porque la alegría es una virtud y eso implica que está en nuestras manos ser alegres. Que no valen las excusas, ni culpar a las circunstancias, ni esperar a tener el trabajo de nuestra vida.

La alegría surge como efecto del amor. Cuando nos sabemos amados y cuando amamos con todo el corazón, la alegría desborda. Un corazón enamorado y amante rebosa alegría, y esta, como el amor, es contagiosa, creativa y tiende a expandirse.

Un punto de partida ideal para fomentar la alegría es el agradecimiento, ya que quien reconoce lo bueno en su vida y lo valora, inevitablemente se llena de una gratitud que no solo se expresa con palabras, sino que se refleja en la forma de vivir, y se traduce en una actitud alegre.

¿Y qué hacemos con la tristeza?

Desterrar la actitud de queja es una condición necesaria si queremos ser personas alegres. Como dice una amiga: en ocasiones nos anclamos en el cante jondo y le damos demasiado al «Ay ay ay ay ay», pero es mejor cantar por alegrías.

Hay momentos para la tristeza. Hay momentos para llorar. No se trata de negar la posible aparición de una tristeza real en nuestras vidas. Experimentar tristeza no es en sí malo, el peligro consiste en dejarse colonizar por ella. Le das la mano y no es que te coja el brazo, te fagocita.

Es posible vivir un sufrimiento intenso y, en el fondo, permanecer alegres. Parece contradictorio, paradójico, pero, precisamente porque la alegría es algo muy profundo, no un simple estado de ánimo, somos capaces de hacerlo.

Puede que incluso lo hayas visto en alguien cercano, o lo hayas experimentado en propia piel. Cuando tomas una decisión costosa que te hace sangrar el alma, pero que sabes que es la correcta; el dolor ante la pérdida de un ser querido, que convive con la esperanza de saber que la muerte no es el final —para quien tiene fe—; o, en otro ejemplo, como nos explicaba un profesor de la carrera: puedo sentir envidia por el éxito de un compañero, no querer ese sentimiento e intentar alegrarme, y luego sentir la alegría por haberlo logrado.

¿Cómo hacemos frente a las dificultades, las frustraciones, los problemas o insatisfacciones que podrían poner en jaque nuestra alegría? Con la esperanza, en donde la alegría puede apoyar sus dos pies de manera firme, sin caer ni en el cinismo ni en un optimismo de frases hechas. Con la esperanza, ya no vemos la vida como una tragedia, en la que se presenta por delante un camino desolador, escrito además por un destino ciego y frío, de quien, por supuesto, no podemos esperar nada bueno.

Con la esperanza, confiamos en que el drama tendrá su *eucatástrofe*. J. R. R. Tolkien acuñó este término, y, aunque de entrada pueda sonar a meteorito acercándose a la Tierra, lo importante en la palabra es cómo empieza: «eu», en griego, significa *bueno*. Y la *eucatástrofe* de Tolkien es, al final de un relato, el «giro inesperado de los acontecimientos, coherente desde todo punto de vista con el desarrollo anterior de la historia»[98]. En las narraciones,

---

98 Diego Blanco Albarova, *Un camino inesperado*, Encuentro, Madrid, 2016, p. 411.

esto suele ocurrir en el punto más oscuro, cuando todo parece perdido. A veces, incluso ahí, quedan unos pocos corazones abiertos a esperar contra toda esperanza.

Un secreto sobre la alegría

A quienes creemos en un Dios que nos ama se nos añaden motivos para la alegría. Y las razones antes descritas cobran un sentido más luminoso, más hondo. Tenemos alguien a quien darle las gracias por todo lo bueno, alguien con quien llorar ante el sufrimiento, una razón de peso para confiar en que «todo va a salir bien», no por el karma, sino porque somos hijos de Dios y no creemos en un Dios vengativo y sanguinario, sino en uno que ha muerto por amor a nosotros. Tolkien, de hecho, afirma que «la Resurrección es la eucatástrofe de la historia de la Encarnación»[99].

La alegría es, como decía mi amigo Jose, nuestro privilegio y nuestra misión como «hijos del Rey». Otro buen amigo, Fer, solía recordarme que, cuando nos dejamos caer en la tristeza, estamos impidiendo que una parte de Dios entre en el mundo. Es nuestra prerrogativa. Nuestra

---

99 J. R. R. Tolkien, «Sobre los cuentos de hadas», en *Cuentos desde el Reino Peligroso*, Minotauro, Barcelona, 2009, p. 316, citado en Diego Blanco Albarova, *Un camino inesperado*, Encuentro, Madrid, 2016, p. 394.

responsabilidad. Eso me hace volver a Claudel: «Hazles comprender que no tienen en el mundo otro deber que la alegría».

Abraza el caos

«Es imposible programar la vida; sólo nos queda acogerla un instante tras otro», dice Philippe[100]. Un ingrediente clave en nuestro día a día son todos los imprevistos, interrupciones, contrariedades que hacen que la planificación salte por los aires. ¿Cómo encajarlos, aceptarlos, vivirlos? Hablando de este tema y de la intensidad de los días con mi amiga Miriam, me compartió su secreto: «Simplemente, es aceptar el caos y aprender a disfrutar». Un par de horas después de esa conversación, vi el tráiler de una película de Marvel que terminaba con este lema: «Abraza el caos».

Nuestra agenda, nuestros proyectos, deben ser flexibles. Y nosotros con ellos. Tener cintura (para bailar mejor); de lo contrario, el quiebre puede llegar en cualquier momento. No es el apocalipsis si nos saltamos el horario; la vida es dinámica, con tendencia al caos. El orden tiene que ser humano, vital, no mecánico. Pero una cosa es un

---

100   Jacques Philippe, *La libertad interior*, Rialp, Madrid, 2008, p. 90.

cierto caos lógico y comprensible en nuestras vidas, y otra cosa es vivir en el caos constante.

Tanto Fabio Rosini[101] como Jacques Philippe[102] explican que la clave no es que todo vaya bien en nuestro día, sino ser capaces de no interiorizar el desorden, el mal, el caos de fuera. Las cosas pueden pasar, pero nosotros seguimos siendo libres para decidir cómo reaccionamos ante ellas. Rosini afirma: «Vivir bien no quiere decir haber encontrado una *posición*, sino una *actitud*, una dinámica»[103]. Y explica que la realidad es siempre desequilibrio, que «la vida es inestabilidad y, cuando no lo es, es muerte»[104]. Abrazar el caos sería navegar por esa inestabilidad de manera serena. Abrazar el caos no es tragárselo.

La solución para vivir con esa libertad y esa paz interior que proponen Rosini y Philippe está íntimamente ligada a cómo vivimos con Dios, aunque creo que muchas de las ideas que plantean en sus libros sirven tanto para creyentes como para no creyentes.

Cuando el caos viene provocado por quienes nos rodean, si hemos aprendido a tener paciencia con nosotros

---

101   Ver Fabio Rosini, *El arte de la vida sana*, Paulinas, Madrid 2023, pp. 236-239.

102   Ver Jacques Philippe, *La libertad interior*, Rialp, Madrid, 2008, p. 81-86.

103   Fabio Rosini, *El arte de la vida sana*, Paulinas, Madrid, 2023, p. 19.

104   Ídem, p. 18.

mismos, a asumir nuestras limitaciones, a no autoexigirnos malamente, seremos más capaces de mostrar paciencia con los demás, aceptar sus imperfecciones y no poner sobre sus hombros el peso de la infalibilidad (como hablamos en el capítulo 6). Pero otras veces las cosas simplemente pasan, no hay *culpables*. No tiene sentido enfadarse con un ordenador que se estropea, con un atasco o con la lluvia. «It's good for the garden», dicen los ingleses si te quejas de que llevas varios días pasados por agua; y tienen razón, y el verdor de los jardines y los campos en Reino Unido da fe de ello.

A veces el caos también procede de nosotros mismos. Los sueños que borbotean pueden ser fabricantes de jaleo por dentro, la tensión entre ellos y unas expectativas ajustadas nos puede conducir a encarar la frustración. Le hablaba de esto a mi amiga Beatrice, que me había recibido en su casa con una taza de café y una sabrosa conversación sobre libros y proceso de escritura. En vez de darme una solución para mis deseos de armonía, me obsequió con algo mucho mejor: «Tienes razón. Ese equilibrio cuesta. Pero es un gran regalo ser creativa, y nos enseña la creatividad de Dios, que puede hacernos crecer en virtud y en fe».

En *El maravilloso jardín secreto de Bella Brown*, la protagonista se enfrenta a arreglar el descuidado jardín de la casa en la que vive alquilada. Debe hacerlo en un tiempo récord, de lo contrario, tendrá que buscarse otro hogar.

Bella no solo ha abandonado el cuidado del jardín sino también de su propia vida. Sus sueños profesionales están frustrados. Vive presa de diferentes manías que le proporcionan sensación de control. No tiene amigos. Tras sus primeros intentos por poner cierto orden en la vegetación selvática que la rodea, se resigna: «Me estoy engañando, no soy escritora ni soy jardinera». Alfie, su cascarrabias —pero, en el fondo, tierno— vecino, le acaba ofreciendo ayuda. Mientras le enseña su propio jardín, dice: «Es un mundo de caos bellamente ordenado. Caos, no calamidad, señorita Brown. Porque si no entiende la diferencia, no llegaremos muy lejos».

«Bellamente ordenado» es, en realidad, un pleonasmo. Mi maestro Rafael Alvira nos explicaba que *cosmética* viene de *cosmos*, que significaba «belleza, orden», y que eso era lo que aportaba el maquillaje a un rostro: un orden, una luz, que añade belleza. Quizá la manera de vivir la tensión entre los sueños grandes y los límites, entre el anhelo de infinito y la fragilidad, pueda sintetizarse en esto: abrazar el caos (el propio y el ajeno), hacerlo *bellamente ordenado*.

Para seguir la conversación

9 ideas prácticas sobre el arte de no llegar a todo

Gracias por leer hasta aquí. He disfrutado mucho de esta conversación que hemos mantenido, aunque nos separen kilómetros y hojas del calendario. Durante la carrera descubrí que acababa comprendiendo mejor los temas cuando los comentaba con un compañero. Ahí, en el intercambio, surgen las preguntas y los descubrimientos; en el esfuerzo por articular una idea que pensamos firme y transparente, nos damos cuenta de que le falta algo. Ahí germinan los «¡Eureka!» y las luces que iluminan de pronto una parcela de conocimiento, como los rayos de sol en el amanecer, que se esparcen por todos los rincones para asegurarse de que abrazan la tierra entera. La calidez de esa luz la siento también cuando una preocupación encuentra su sosiego en unas palabras amigas, cuando una inquietud posee la misma forma que la inquietud de un ser querido y encajan como las piezas de un juego infantil.

«¿Qué es esto? Vuelvo a hallarme bendecido
por un sol envolvente y muy dorado
que colma de verdad a quien lo mira.
Cierro los párpados y lo oigo dentro,
cantando sin cesar desde hace mucho»[105].

Es lo que he experimentado con tantas conversaciones que han recalado en estas páginas, y ojalá hayas vivido algo así leyéndolas, en este diálogo en diferido «sobre la fragilidad, los sueños grandes y el caos» en el que hemos hablado de nuestra relación serena con el tiempo, de la posibilidad de una vida empapada de paz y alegría, de la ternura como respuesta adecuada a los límites (propios y ajenos), del sentido, de la creatividad que da el amor y que hace la vida fecunda.

Sueño con que algún párrafo o alguna línea te haya impulsado a reanudar o a emprender la tarea de pensar con mayor hondura en tu vida y en cuál es tu manera única de arder, de abrazar el caos, de huir de la prisa, de cuidar, de vivir la vulnerabilidad, de decir que no a qué y cuándo y cómo, de trabajar con pasión y descansar con toda el alma y con todo el cuerpo, de comprometerte, de vivir, de amar. Sobre estos acordes, bien afinados, se puede bailar sin miedo, aunque a veces demos algún pisotón o perdamos el ritmo.

---

105 Antonio Moreno, *El caudal*, Rialp, Madrid, 2014, p. 67.

Mi intención con este libro no era dar recetas ni hacer promesas cojas, y no voy a desviarme de mi propósito ahora que llegamos al final, pero sí he pensado recopilar algunas ideas prácticas para el día a día, a modo de titulares. Que puedas releer estos puntos fácilmente cuando los necesites y que ellos te recuerden, de nuestra charla, lo que más te sirva en cada instante.

En cada uno he marcado el capítulo o los capítulos de los que brotan, por si quieres volver a ellos, de tanto en tanto, para retomar la conversación. Para mí será un placer.

1. Un clásico: la típica historieta sobre poner las piedras grandes lo primero

Así luego caben las piedrecitas, y la arena, y el agua. Si empezamos por el agua, al poner los pedruscos el líquido se derramará, no nos cabrá casi arena… Para esto es clave tener claras las prioridades. Qué va primero, a qué voy a dedicar las mejores horas de mi día y de mi semana. Una vez hecho eso, distribuir el resto de cosas, por su orden. Recuerda: orden en el amor y amor en el orden. [Capítulo 1]

2. El piloto rojo

Cuando en tu día a día de repente te das cuenta de que no cabe tiempo para los tuyos, algo no está bien. Tal vez tengas incluso una cierta sensación de satisfacción, porque estás tachando elementos de tu lista de pendientes, pero estás fallando en lo más grande. Hay que recalcular. [Capítulos 1 y 2]

3. Un método sí, pero con flexibilidad

Hay diferentes teorías sobre qué funciona mejor para organizarse el tiempo. Antes yo usaba listas, pero verlas ahí, tan largas, tan interminables, ocupando lo mismo si era una leve tarea de cinco minutos como si era un proyecto vital, no me ayudaba. Fui también amante de los *post-its*. Pero ahora es el Google Calendar el que me ayuda en mi proceso de orden. Cada tarea, cada cosa por hacer, con el tiempo concreto que le voy a dedicar.

Con flexibilidad: estás vivo, los demás también, la vida es dinamismo. En ocasiones habrá que saltarse el horario o reajustar prioridades cuando las ocasiones lo requieran, y afrontarlo con paz y sin agobios. Para una flexibilidad serena, resulta fundamental la virtud de la prudencia. [Capítulo 7]

Cuatro puntos clave a la hora de organizar el calendario:

1. Salvo en algunos casos, generalmente no vas a poder hacer dos cosas a la vez, así que es recomendable evitar eventos solapándose.

2. Piensa en las actividades que sí puedes agrupar para realizar simultáneamente. Quedar con un amigo para que te acompañe a esa gestión que llevas retrasando semanas; escuchar cursos de inglés mien-

tras haces deporte o alguna tarea de la casa; buscar pódcast interesantes para los trayectos y así estar al tanto de los temas que te motivan… (pero ojo con la obsesión por la productividad [Capítulo 3]).

3. No existe el tiempo cero: ten en cuenta los desplazamientos, los imprevistos, el hecho de que una actividad se puede alargar… así que generalmente tus tareas en el calendario no deberían estar una pegada a la otra.

4. Aprovecha las pequeñas unidades de tiempo. Esos diez minutos entre una cosa y otra pueden servirte para contestar unos *mails* o unos mensajes, organizar menús, avanzar un capítulo en ese libro abandonado, preparar la lista de la compra, ayudar a tu hijo con la tarea, hacer una llamada a un amigo o familiar, pensar el esquema para tu próximo artículo…

4. Saber tener pequeños momentos de parar

Disfrutar de un buen libro o de un café rico en la terraza, salir a correr, dedicar un tiempo a Dios. Cada cual lo que mejor le siente. Recuerda que la vida puede ser un baile. Importan las metas, pero no hay que morir por el camino. Hay que saber disfrutar con los pasos que damos y con nuestros compañeros en la pista. [Capítulos 3 y 6]

5. Mantener la cabeza en lo que estás haciendo…

E intentar no despistarte con lo que tienes que hacer después. Si estás trabajando, no estás chateando con una amiga; si estás con tu familia, no contestas *mails* de trabajo; si estás tomando café con Rigoberta, no estás respondiendo un mensaje a Segismunda, etcétera. Todo con sentido común y flexibilidad, que suena a novela de Jane Austen. [Capítulos 4 y 6]

6. ¿Cuánto tiempo pasas al día con el móvil?

¿Lo sabes? El primer paso es conocerlo, más allá de una vaga intuición de «Bueno, lo uso, pero tampoco tanto». Ponerle cifras concretas es muy sano. Atrévete a medirlo. Y a poner tú las reglas del juego. [Capítulo 4]

7. Que tus metas sean realistas

Sobre todo si eres de los que se pasan de ambición. Puro conocimiento propio: si llevas una temporada en que no cumples tus *plannings* y solo consigues decepciones, cambia el modo de planificarte. Recuerda que los días tienen 24 horas y que eres mortal. [Capítulo 5]

8. Pedir ayuda para lo que no sabes o lo que creías que sabías

A veces perdemos el tiempo queriendo resolver algo por nosotros mismos cuando lo más fácil es ir al experto. No tienes que saber hacerlo todo. Y en caso de que no haya un sabio cerca, Google o ChatGPT pueden ayudarte: para decirte cómo hacerlo o dónde encontrar al que sabe cómo hacerlo. [Capítulo 5]

9. El buen humor es fundamental

Hay que reírse de las pequeñas *desgracias* cotidianas sin trascendencia, de las meteduras de pata, de los agobios por cúmulo de cosas que un día a las diez de la noche nos parecen una montaña y al día siguiente son arena. [Capítulo 7]

Una confesión: los trucos que me ayudan a leer cuando no tengo tiempo

Aunque en el capítulo 3 he batallado contra la idea del ocio productivo, confieso que los retos de lectura de la plataforma Goodreads contribuyeron en su momento a que recuperara la lectura frecuente. Lo de menos era el número de libros que marcaba como meta anual. Lo mejor fue que me sirvió de acicate para caer en la cuenta de lo poco que estaba leyendo en aquella época, y de que, si me lo proponía y realmente quería, podía mejorar esa situación. La realidad es que ahora leo más que hace nueve años, cuando, en apariencia, mis circunstancias laborales y familiares eran más favorables al ejercicio de disfrutar buceando entre unas páginas. Os cuento los pequeños trucos que me ayudan en este empeño:

› Deshacerse de barreras mentales. La mía era que para leer necesitaba disponer de una hora como mínimo y de silencio monástico. Asumí que si quería leer tenía que hacerlo en las circunstancias en las que estaba. Puede que no sean las ideales (en cuanto a concentración, interrupciones, etcétera), pero solo puedo leer en el mundo real, no en el mundo imaginario.

› Tener siempre un libro empezado. Así en esos 10 minutos que de repente tengo libres por cosas de la vida en vez de irme al móvil me voy al libro.

› Intentar leer algunos días de la semana por la noche, cuando ya hay silencio en casa y disminuyen las *demandas* que nos llegan de los demás.

› Darme cuenta del tiempo que se me iba en el móvil y decidir invertir parte de eso en leer. A veces podemos decir «Ay, si tuviera una hora al día para leer» y miras tu «Tiempo de uso» y... ¡horror! Te habría dado tiempo a leerte 100 veces *Guerra y paz*.

› Combinar géneros y longitudes. Voy variando ensayo, novela, poesía... Y libros cortos con libros largos.

› Todos los días leo al menos 10 minutos de un libro espiritual. Eso, a lo largo de un año, suman varios libros.

› Seleccionar bien los libros, preguntando a personas sabias sobre este tema, leyendo alguna reseña antes... Me pone nerviosa perder el tiempo con libros que no me llenan y no me aportan (he aprendido a dejarlos sin terminar cuando eso pasa, desde que leí que Daniel Pennac daba su autorización para hacerlo).

› Tener una idea aproximada de cuáles son los dos o tres siguientes que quiero leerme. Eso me anima a avanzar. Como quien espera con ilusión el encuentro con un amigo o la ocasión de conocer a alguien nuevo.

Cómo lograr escribir cuando te faltan horas (Ideas aplicables en su mayor parte a otras actividades)

«Quiero ser una *buena* escritora», escribió Flannery O'Connor[106]. Lógicamente, cuando leí esta frase en su *Diario de oración*, la subrayé varias veces. Yo también quiero ser una buena escritora. Pero, en ocasiones, me encuentro en un paso previo: quiero ser escritora, y, para eso, necesito... escribir.

---

106 Flannery O'Connor, *Diario de oración*, Encuentro, Madrid, 2018, p. 42.

Supongo que, como me sucede a mí, los lectores también tendréis alguna actividad que os esponja el corazón, pero para la que raramente conseguís encontrar el momento. Los motivos para no hacerlo son variados, y algunos tienen más peso que otros. No podemos (ni debemos) llegar a todo, pero quizá, a esto sí que podemos llegar, y solo necesitamos un empujoncito que nos saque del estado de procrastinación. Dejo aquí estas pocas ideas, por si sirven de impulso.

No hay situación ideal

Como en el caso de la lectura, para mí fue fundamental deshacerme de la barrera mental de que para escribir necesitaba disponer de una mañana o de una tarde (enteras) en silencio (como mínimo). En mis circunstancias actuales eso no se da habitualmente, así que asumí que si quería seguir escribiendo, tenía que hacerlo en las circunstancias en las que estaba. ¿Que no son las ideales de mis sueños? Toda la razón. Pero es lo que tengo y es mejor que nada.

Como con la lectura, he aprendido a aprovechar pequeñas unidades de tiempo. Aunque, así como para leer me valen ratitos de 10 minutos, es verdad que para escribir al menos necesito media hora (si es una hora, mejor). Por otra parte, me resulta más sencillo aprovechar esos períodos de tiempo brevísimos aplicando algunas de las ideas y trucos que os cuento a continuación.

Crear el hábito

Aunque es un poco caótico, podría decirse que tengo algo así como un cierto hábito; al menos, a fuerza de luchar por esos ratos, he acabado desarrollando una *necesidad* de ellos. Resulta mucho más fácil ponerte a hacer algo que te apetece, que te ilusiona, que te gusta. Si solo es un deber más, si cae en el tengo-que, sus papeletas para convertirse en momentos inexistentes son más altas. Dicho esto: las ganas a veces hay que hacerlas, no surgen siempre solas.

La relación con la escritura puede ser de amor-odio. ¿Cómo es posible que lo que más me gusta hacer en ocasiones me resulte tan pesado? ¿Por qué me tengo que obligar a hacer lo que más me gusta? Por eso el hábito ayuda: fijarse unos tiempos reservados para escribir, aunque sean mínimos, y tratarlos con la importancia que le darías a una reunión con tu jefe o a una cita médica. Tener esos tiempos fijados también ayuda a irse mentalizando, incluso disfrutando con antelación de ese tiempo de paz y escritura.

Todo con realismo y reajustando: si habías decidido escribir dos horas al día y no lo estás consiguiendo y solo sirve para decepcionarte, a lo mejor hay que rehacer el plan o la estrategia.

No hay lugar ideal

Una habitación propia, como diría Virginia Woolf, siempre ayuda. Pero, de hecho Woolf, en su libro, alaba las grandes obras de Jane Austen, al tiempo que destaca que ella escribía en el salón, con todas las visitas dando vueltas, entrando, saliendo y comentando el último chascarrillo de la comarca.

La «escritura invisible»

Pensar con antelación sobre qué voy a escribir me ahorra mucho tiempo. Apuntarlo en la agenda me hace tenerlo en la cabeza durante toda la semana: voy pensando y le doy vueltas al tema. Si leo algo o escucho algo relacionado, estoy con el radar puesto y es más fácil que coja esa idea al vuelo. Así, cuando me siento, no parto de cero. Es muy frecuente que de cinco ideas apuntadas acabe descartando cuatro, pero al menos me queda una.

Escuché una vez al director y guionista Rodrigo Cortés hablar de la «escritura invisible»: todo ese trabajo que va haciendo tu cabeza aunque no estés escribiendo propiamente hablando. Esa *escritura invisible* se puede llevar a cabo en múltiples sitios: esperando en una cola, en el bus, conduciendo, cocinando, en la ducha, lavándote los dientes, limpiando...

Para mí es el momento en el que las palabras se encuentran todas juntas y mezcladas en la cabeza, las ideas vuelan e interaccionan entre ellas y todo constituye una masa amorfa. Más tarde es necesario sentarse e ir dando forma a un texto con golpes concretos y precisos sobre la materia que la admiración ha ido coleccionando. Con cinceles rigurosos o a veces a martillazos, para que se desprenda un bloque entero que sobra y entorpece que el texto luzca. Para poner en palabras mundos infinitos.

Agradecimientos

Un sábado por la mañana, mientras nos desperezábamos retrasando el instante de levantarnos, Pablo me preguntó: «¿En qué piensas?». «En la eucatástrofe», fue mi atípica respuesta. El día anterior había caído en la cuenta de que este libro necesitaba un apartado sobre la alegría y había comenzado a darle forma. En el transcurso, me vino a la mente ese término acuñado por Tolkien: *eucatástrofe*. Quería incluirlo, pero no se me ocurría cómo. Me fui a la cama el viernes dándole vueltas. Así que, al abrir los ojos a la mañana siguiente, lo primero que tenía en la cabeza era eso.

Pablo no solo ha sido testigo paciente de la gestación de este libro, sino que también ha estado a mi lado en cada paso, arremangándose. Muchos de los temas de los que he escrito en estas páginas colonizaron abundantes conversaciones en nuestras comidas, cenas y viajes en coche.

«¿Qué necesitas?», me preguntó al comenzar el día previo a la fecha de entrega del primer borrador. «Un par de horas de silencio», le dije. Así que se llevó a los niños al garaje-trastero a montar estanterías. Esta es solo una muestra de los miles de momentos en que ha sucedido algo similar. Sin él, yo escribiría mucho menos; sin su escucha atenta, sin sus preguntas certeras, sin sus ojos de editor exigente y cariñoso, sin su apoyo incondicional. Gracias por todo eso y más.

Gracias a todos los amigos con los que he tenido innumerables y preciosas conversaciones en los últimos años sobre los temas que recorren el libro. Todos esos cafés, mensajes, llamadas transoceánicas, horas y horas a la salida del cole de los niños, noches en vela (cuando tendríamos que haber estado estudiando, pero nos dedicábamos a arreglar el mundo y nuestros corazones) han alimentado estas páginas de un modo u otro. Gracias a Sole, Bea, Gema, Lu, Miriam, Ari, Rocío y Marta (mi *Spanish after school club*), Álvaro, Fernanda, Ana Eva, Teo, Rocío, Jasnagora, Terry, Pilar, Beatrice, Isis, Javier, Espe, Eva, Fr. Dancho, Blanca, Miguel Ángel, Sofía, Vero, Jesús, Inma, María, Manu...

Gracias a mi hermano Pablo, por las conversaciones desde los años en los que yo aún le sacaba una cabeza, y por su lectura experta y entusiasta del manuscrito.

Gracias a Laura, por ayudarme con las dudas filosóficas.

Gracias a quienes me han echado una mano con las referencias a las citas que se me resistían: @atisimancas en Twitter tenía localizada la de Unamuno; don Sergio me ayudó con las páginas del libro de Scheler; y pude leer buenas fuentes sobre la *eucatástrofe* de Tolkien gracias a los párrafos que me envió Andre y al libro que me mandó Pedro de regalo.

Gracias a Ana, mi editora, por vibrar conmigo desde el primer día en que le conté la idea que me rondaba por la cabeza, por su lectura llena de cariño y sus sugerencias tan acertadas. Este librito no podía haber estado en mejores manos.

A los lectores de makelovehappen.blog y de mi cuenta de Instagram, que siempre alimentan mi pensamiento y mis líneas con sus mensajes, sus respuestas a mis preguntas, sus comentarios. Lo mejor de escribir es leeros.

A ti lector, que me has acompañado en esta conversación sobre la fragilidad, los sueños grandes y el caos. Espero haber encendido una luz, aunque sea pequeña, en algún rincón de tu vida.